あそびは学び！

決定版！

12か月の自然あそび 87

子どもが育つ！0〜5歳のあそび！
自然あそびに役立つふろくつき！

著／高橋京子（ウレシパモシリ）

新星出版社

「自然あそび」に"すべて"があります。

「子どもが育つ環境に必要なもの、大切なものは、すべて自然の中にある」

そう実感し、さまざまな機会をいただきながら、「子育て支援」の立場から、保育現場に「自然あそび」を提案するようになって、20年以上の歳月が流れました。

その間、子どもたちを含めて、私たちを取り巻く生活環境は人工的で完成度の高い、便利なものにますますあふれ、私たちの生活と自然との距離がどんどん離れていくという現状を感じてきました。

しかし、その一方で、五感を刺激する要素がいっぱいの「自然あそび」に夢中になる子どもたちが、目の前でどんどん変わっていく姿もどれだけ見てきたことでしょう。

目を輝かせ、興味あるものに近づき、発見し、あそびこむ時間をもった子どもたちは、保育者が考える以上に、自分であそびを作り出し、発展させていきます。いつもは集中しづらい子が、じっくりあそびこむ姿を見せてくれたり、友だちとコミュニケーションがとりにくい子が、あそびの先頭に立っていたり、豊かな言葉が生まれてきたり……子どもたちはさまざまに「心揺さぶられる」姿を惜しげもなく大人たちの前に披露します。

この子どもたちが見せる「心の多様性」は、まさに「自然の多様性」と共鳴するものだと感じます。

例えば、木の葉を例にとっても、1枚1枚の葉っぱの形が違い、においが違い、手ざわりが違い、色が違う。あるものには虫食いの穴があり、あるものはすべすべしていて、雨水が落ちると丸い玉になって、葉っぱの上を転がる。何1つ同じものがないのが自然の姿です。

そして、それは、雄大な自然でなくても、いつもの園庭やいつもの公園の限られた自然の中でも、子どもたちの心を揺さぶり動かします。

自然から多くのものをキャッチした子どもたちの姿や心の変化に気づくと、保育者自身も自然への興味・関心が高まり、多くを自然から学び始めます。

1人1人、人間も違っていいんだということ。違うことがすばらしいのだということ。子どもたちが「自分からあそびを楽しみ始めたときの集中力、吸収力のすごさ」を目にすると、「教える」ことではなく、「夢中になるきっかけ」を用意することが保育者として大切なことなのだと気づきます。

この本では、そんな「夢中になるきっかけ」作りを見つけていただくために、ひと月に1つのテーマを取り上げてご紹介しています。しかし、多様な自然を前にあなた自身が「やってみたいこと」から始めていただければいいのです。それが子どもたちの「やってみたいこと」と呼応して、きっと豊かな学び合いの時間になっていくことでしょう。

この本が、子どもたちの多様な思いに寄り添い、自己肯定感をもてる子どもたちの育ちを応援するきっかけとなることを心から願っています。

**ウレシパモシリ
保育と自然をつなぐ研究会**　**高橋京子**

自然保育コーディネーター、国際自然環境アウトドア専門学校自然保育研究科非常勤講師。ウレシパモシリ-保育と自然をつなぐ研究会-を主宰。欧州の保育現場の視察や多数の保育園・幼稚園における自然あそびの実践を通して得られた知見をもとに、都市の保育環境でもできるように、身近な自然を保育教育資源として生かしたあそびを創作している。

平成30年から3法令
幼稚園教育要領　保育所保育指針
幼保連携型認定こども園 教育・保育要領
が変わります！

平成29年3月に告示・改訂され、平成30年より現場でスタートする3つの法令「幼稚園教育要領」「保育所保育指針」「幼保連携型認定こども園 教育・保育要領」。

日本に住む子どもたちが、「幼稚園」「保育園」「認定こども園」のどこに通おうとも、同じような質の高い幼児教育・保育を受けられるように。

この改訂は、人生の最初に出会う乳幼児教育が、その後の人生にとって、たいへん重要であることを、保育にかかわる人、すべてに問いかけ、再確認しています。そして、日本に暮らす子どもたちが、将来、輝ける人生を送れるように、子どもたちが育っていく方向性を示しました。

このように、大きく舵をきった今回の3法令の改訂ですが、乳児も含む子どもたちが、あそびを通して「学んでいく存在」であるという考え方は、これまでと変わりはありません。自分から興味をもってたっぷり、主体的にあそぶことで、子どもたちに小学校以降にも続く「資質や能力」が育まれるのです。

主体的なあそびを通して学ぶことを通して
将来に向けた「資質・能力」の基礎を育む

あそびを通して、環境を通して行う総合的な指導で、
資質・能力の3つの柱の基礎を培っていこうと書かれています。

知識及び技能の基礎
●あそびや生活の中で、豊かな体験を通じて、何を感じたり、何に気付いたり、何が分かったり、何ができるようになるのか。

思考力、判断力、表現力等の基礎
●あそびや生活の中で気付いたこと、できるようになったことなども使いながら、どう考えたり、試したり、工夫したり、表現したりするか。

学びに向かう力、人間性等
●心情、意欲、態度が育つ中で、いかによりよい生活を営むか。

＊文部科学省『幼児教育部会における審議の取りまとめ』（平成28年8月26日）より一部改編

幼児期の終わりまでに育ってほしい姿（10の姿）

新しい3法令には、幼児教育の5歳児後半ごろまでに、どのような方向に向かって子どもたちが育っていってほしいかを、「幼児期の終わりまでに育ってほしい姿」として、具体的な10の姿が明記されました。これは決して到達の目標とされるために示されたものではなく、指導の方向性を示したものです。

自然あそびの重要度が増しました

「10の姿」の7番目に、「自然との関わり・生命尊重」という項目が明記されたことで、「自然にふれて感動する体験」が大切であることが、クローズアップされました。各々の園がおかれた環境はさまざまです。その環境の中で、子どもたちが生命の不思議さ、生命の尊さを感じる機会をいかに作っていくか、命あるものへの接し方をどう伝えていったらいいか、そうした課題に、この本は多くの答えをもっています。

もちろん、自然あそびは「10の姿」の7番目の項目だけではなく、「6 思考力の芽生え」「9 言葉による伝え合い」「10 豊かな感性と表現」などとも深くつながっていくあそびです。自信をもって保育に取り入れてほしいと思います。

1	健康な心と体
2	自立心
3	協同性
4	道徳性・規範意識の芽生え
5	社会生活との関わり
6	思考力の芽生え
7	**自然との関わり・生命尊重**

 3法令の原文より

自然に触れて感動する体験を通して、自然の変化などを感じ取り、好奇心や探究心をもって考え言葉などで表現しながら、身近な事象への関心が高まるとともに、自然への愛情や畏敬の念をもつようになる。また、身近な動植物に心を動かされる中で、生命の不思議さや尊さに気付き、身近な動植物への接し方を考え、命あるものとしていたわり、大切にする気持ちをもって関わるようになる。

8	数量や図形、標識や文字などへの関心・感覚
9	言葉による伝え合い
10	豊かな感性と表現

Contents

「自然あそび」に"すべて"があります。 ……… 2
3法令が変わります！ ……… 4
Contents ……… 6
本書の使い方 ……… 10

4月 花 ……… 12

- 春の色探し 3・4・5歳 ……… 13
- お散歩絵まき 3・4・5歳 ……… 14
  - やってみよう! 1年のお散歩記録 ……… 15
- 花のカップケーキ 3・4・5歳 ……… 16
  - やってみよう! 花のヘアバンド ……… 16
- 花びらひらひら 3・4・5歳 ……… 17
- 乳児の小さな水中花とペンダント 0・1・2歳 ……… 19

5月 葉っぱ ……… 20

- 葉っぱじゃんけん 3・4・5歳 ……… 21
- 葉っぱの背比べ 3・4・5歳 ……… 22
  - やってみよう! 紅葉の背比べ ……… 22
- 乳児の葉っぱのタペストリー 0・1・2歳 ……… 23
  - やってみよう! タペストリーで作品展 ……… 23
- 葉っぱのお顔 3・4・5歳 ……… 24
  - やってみよう! 森の「顔」展覧会 ……… 24
- 乳児のいないいないばあごっこ 0・1・2歳 ……… 25
- 葉っぱのコップ楽器 3・4・5歳 ……… 26
  - やってみよう! みんなで即興コンサート ……… 27

6月 雨 ……… 28

- 雨集め隊 3・4・5歳 ……… 29
  - やってみよう! マイアンブレラ ……… 30
- 乳児のレインハウス 0・1・2歳 ……… 32
- しずくころころ 3・4・5歳 ……… 33
  - やってみよう! しずく探しにお出かけ ……… 35

7月 泥

- 泥場作り 3・4・5歳 37
- 乳児の泥のお顔作り 0・1・2歳 39
- 泥だんごころころ 3・4・5歳 40
  - やってみよう! ぴかぴか泥だんご 41
- 泥の壁ぬり（左官屋さん）3・4・5歳 42
  - やってみよう! 田んぼ作り 43

8月 水

- 水運びリレー 3・4・5歳 45
  - やってみよう! ミックスジュースパーティー 46
- 水の不思議 3・4・5歳 47
- ウォータースライダーごっこ 3・4・5歳 49
- 乳児の水と花びらと 0・1・2歳 51

9月 砂

- 砂絵あそび 3・4・5歳 53
  - やってみよう! 色砂マジック 54
- 砂時計 3・4・5歳 55
  - やってみよう! 砂時計でおかたづけレース 56
- 乳児の小石くんのかくれんぼ 0・1・2歳 57
- 砂の生き物 3・4・5歳 58
  - やってみよう! 顕微鏡で砂ウォッチ 59

10月 石

- 石ころあそび 3・4・5歳 61
  - やってみよう! 数字や記号作り 62
- 宝石屋さんごっこ 3・4・5歳 63
  - やってみよう! 森の商店街 63
- 石ころ文字あそび 3・4・5歳 64
- 石ころごっつんこ 3・4・5歳 66
- 石ころアート 3・4・5歳 67

11月 落ち葉 ……………… 68

- 落ち葉の魚釣り 3・4・5歳 …………… 69
  - やってみよう! 落ち葉の魚絵本 …………… 70
- 乳児の魚釣りあそび 0・1・2歳 …………… 71
- 落ち葉のファッションショー 3・4・5歳 …………… 72
- 乳児の落ち葉のお風呂 0・1・2歳 …………… 73
- 森のキッチンコーナー 3・4・5歳 …………… 74
  - やってみよう! 落ち葉モビール …………… 75

12月 木の実 ……………… 76

- 木の実のケーキ 3・4・5歳 …………… 77
  - やってみよう! ケーキ屋さんごっこ …………… 78
- ドングリころころ 3・4・5歳 …………… 79
  - やってみよう! ドングリリレー …………… 80
- 乳児のころころあそび 0・1・2歳 …………… 81
- ドングリでお絵かき 3・4・5歳 …………… 82
  - やってみよう! ドングリの帽子ソング …………… 82
- 木の実の音あそび 3・4・5歳 …………… 83

1月 風 ……………… 84

- 北風とあそぼう! 3・4・5歳 …………… 85
  - やってみよう! 北風くんになりきって …………… 86
- 乳児のカラフル吹き流し 0・1・2歳 …………… 87
- 葉っぱのくるくるひも飾り 3・4・5歳 …………… 88
- 風キャッチ 3・4・5歳 …………… 89
  - やってみよう! みんなでコンテスト …………… 90
- 風の絵本作り 3・4・5歳 …………… 91
  - やってみよう! もっと風くん探し …………… 91

2月 光 92

- カラフルシート 3・4・5歳 93
  - やってみよう! カラフルシートで移動 94
- 乳児のカラフルハウス 0・1・2歳 95
- 小さなステンドグラス 3・4・5歳 96
- あかりウォッチング 3・4・5歳 98
  - やってみよう! 葉っぱのランプ 99

3月 木 100

- マイツリー 3・4・5歳 101
  - やってみよう! お散歩ツリー 102
- ブランチコネクター 3・4・5歳 103
- 小枝の形あそび 3・4・5歳 104
- 木っ端あそび 3・4・5歳 105
- コリントゲーム 3・4・5歳 106
  - やってみよう! 巨大コリントゲーム 107

言葉あそび
- 575ポエム 3・4・5歳 108
  - やってみよう! 作品に詩をつけよう 109
- 翻作 3・4・5歳 110

音あそび
- 音あそび 3・4・5歳 112

- 自然あそびを安全に楽しもう 116
- 傷の止血と手当ての基礎 118
- こんな植物に気をつけよう 119
- こんな生き物に気をつけよう 120
- 絵本を自然あそびに取り入れよう 122
- ふろく①みつけたカード 126
- ふろく②型紙 139

本書の使い方

テーマ
4月から3月まで、1か月ごとに自然に関連する素材をテーマとして取り上げています。

年齢ごとの子どもの姿
テーマについて、子どもたちの姿やどのように接するか、年齢ごとに分けて紹介しています。

子どもへの声かけ
テーマに対して、子どもたちにどんなふうに声をかければいいかを提案しています。

ねらい
テーマのあそびに接することで、子どもたちにどんな成長が見られるか、育てたい力などを取り上げています。

テーマごとのまめ知識
「種類」や「できるまで」、「使われ方」など、子どもたちに教えたくなるミニ情報の紹介です。

4月 テーマ 花

季節を華やかにいろどる花は、見ているだけでも楽しいもの。花の香りや色を楽しんだり、形を生かして製作の材料にしたりとあそび方は尽きません。花壇に花の咲く植物を植えておくだけではなく、季節ごとに咲く身近な雑草にも直接ふれてなじむことで、自然に花の形や名前までも覚えていけるようになります。保育者がなじんでいくことで、子どもと花がふれあうきっかけが増えます。

年齢ごとの子どもの姿

- **0歳** 花にふれたり、においをかいだりと、ふれあうことから始めます。
- **1歳・2歳** 新入園児では、園に慣れずに泣いてしまっていても、花をあげると泣きやむなどの場面が見られます。
- **3歳・4歳・5歳** サツキの花に毛糸を通したり、髪に飾ったり、おままごとの料理の彩りにしたりと、花の特徴を生かしてあそぶようになります。

子どもへの声かけ
花の色や形を楽しんでいる場合は「どんなにおいがする？」と声をかけるなど、においや色、形について感じている思いに寄り添い引き出していきます。

- いいにおいがするね。なんのにおいかな？
- このお花、自分で名前をつけてみよう！
- いろんな色のお花がある！どの色が好き～？

♥ ねらい
- 花は植物への興味をもつきっかけとなるよい素材です。色や形、においなど、子どもが興味をもったところからあそびに誘いましょう。
- 花を使ったあそびは、花そのものにふれて楽しむことで、繊細で美しいものへの感覚も育てます。花を見て、「美しい！」「きれい！」と感じる感性を伸ばしたいですね。
- 花のあそびから、花の構造に気づき、つぼみや花びらが落ちたあとへの興味も広がります。

長く楽しむために
- 花は、水を入れた容器にさしたり、水に浮かべたりして、しばらく楽しみます。
- 画用紙などにはりつけてお絵かきをした葉は、カラーコピーで作品を保存するといつまでも思い出と共に作品が残ります。
- 花びらは押し花にする方法もありますが、花の姿をそのまま保存することはできません。ただ、きれいだった花が枯れていく様子は、命のはかなさや時間の移ろいを感じるきっかけにもなります。

⚠ 注意
- 花壇の花など「人が育てている花」は取ってはいけないことを最初に伝えます。ただ、2歳くらいまでは取っていいものか否かは混乱してしまう場合があるので、保育者がよく見ておくことが大切です。

このころ見られる花

シロツメクサ　ナズナ（ペンペン草）　ハルジオン　タンポポ　ホトケノザ　オオイヌノフグリ

12

長く楽しむために

素材を長く保存するためのポイントや、子どもたちが製作した作品を取っておくコツを取り上げています。

⚠ 注意
扱い方の注意です。子どもたちには、あそぶ前の「お約束」としてぜひ伝えてください。

準備するもの
あそびに入る前にそろえておきたいものです。子どもたちの人数も考慮しましょう。

保育者の準備
あそぶ場所での事前準備や、保育者たちで製作しておきたいものを紹介しています。

導入
あそびの始め方のヒントです。絵本の読み聞かせなど、子どもの興味関心を高めるために活用してください。

準備
大がかりな準備が必要な場合は、このマークのコーナーで、用意の仕方などを紹介しています。

3・4・5歳 春の色探し ★★
4月／花

春には、たくさんの野の花が咲き、園庭や公園にはいろいろな色が生まれます。お散歩や外あそびのときに春の色探しをすることで、楽しくたくさんの野草に出会うことができるでしょう。

準備するもの
- 色画用紙
- 白い画用紙

保育者の準備
- 白い画用紙で種類別に分ける箱を、あらかじめ作っておく。
  例：赤、黄色、♡、ふわふわ、つるつるなどを分けて入れる箱など。
- みつけたカード（P.126）

導入　春の色ってどんな色？

色画用紙を見せ、「公園にはどんな色のお花や葉っぱがあると思う？」と問いかけ、あると思う色の画用紙を子どもたちに選んでもらう。

子どもたちが選んだ色画用紙や、選ばなかった色画用紙も公園で子どもたちに見せ、「画用紙と同じ色のお花や草を探そう！」と声をかける。

活動1　春の色を探そう

色画用紙と同じ色の草花を見つけたら、草花を少しだけ摘み、色画用紙の上に並べる。

黄色、白、ピンク、紫、赤、青、緑の7色は春の草花に多く見られる。その他の色も探してみよう。

活動2　形や手ざわり、においを探そう

みつけたカード（P.126）の「あか」「ざらざら」「いいにおい」などを見せ、当てはまる草花を探す。

「しゃらしゃら」「はーと」など、複雑なテーマでも、子どもたちは自由な発想で見つけてくる。

13

環境POINT!
子どもたちがふれあう環境のどんなところに意欲を見せるか、どのようにあそびを楽しむかを取り上げています。

展開POINT!
あそびをアレンジしたり、別のあそびに結びつけたりと、発展させるためのポイントです。

声かけPOINT!
あそびをもっと楽しむために、深めるために、どんな声かけをすればよいかを紹介しています。

0・1・2歳向け
乳児用のあそびを紹介するページは枠がついてます。乳児ならではの楽しみ方を提案しています。

やってみよう！
発展させるあそびや、同じテーマにそった別のあそびなどを紹介しています。ぜひチャレンジを！

4月 テーマ 花

季節を華やかにいろどる花は、見ているだけでも楽しいもの。花の香りや色を楽しんだり、形を生かして製作の材料にしたりとあそび方は尽きません。花壇に花の咲く植物を植えておくだけではなく、季節ごとに咲く身近な雑草にも直接ふれてなじむことで、自然に花の形や名前までも覚えていけるようになります。保育者がなじんでいくことで、子どもと花がふれあうきっかけが増えます。

年齢ごとの子どもの姿

0歳 花にふれたり、においをかいだりと、ふれあうことから始めます。

1・2歳 新入園児では、園に慣れずに泣いてしまっていても、花をあげると泣きやむなどの場面が見られます。

3・4・5歳 サツキの花に毛糸を通したり、髪に飾ったり、おままごとの料理の彩りにしたりと、花の特徴を生かしてあそぶようになります。

📣 子どもへの声かけ

花の色や形を楽しんでいる場合は「どんなにおいがする？」と声をかけるなど、においや色、形について感じている思いに寄り添い引き出していきます。

- いいにおいがするね。なんのにおいかな？
- このお花、自分で名前をつけてみよう！
- いろんな色のお花がある！どの色が好き〜？

❤ ねらい

- 花は植物への興味をもつきっかけとなるよい素材です。色や形、においなど、子どもが興味をもったところからあそびに誘いましょう。
- 花を使ったあそびは、花そのものにふれて楽しむことで、繊細で美しいものへの感覚も育てます。花を見て、「美しい！」「きれい！」と感じる感性を伸ばしたいですね。
- 花のあそびから、花の構造に気づき、つぼみや花びらが落ちたあとへの興味も広がります。

🏺 長く楽しむために

- 花は、水を入れた容器にさしたり、水に浮かべたりして、しばらく楽しみます。
- 画用紙などにはりつけてお絵かきをした際は、カラーコピーで作品を保存すると、いつまでも思い出と共に作品が残ります。
- 花びらは押し花にする方法もありますが、花の姿をそのまま保存することはできません。ただ、きれいだった花が枯れていく様子は、命のはかなさや時間の移ろいを感じるきっかけにもなります。

⚠ 注意

- 花壇の花など「人が育てている花」は取ってはいけないことを最初に伝えます。ただ、2歳くらいまでは取っていいものか否かは混乱してしまう場合があるので、保育者がよく見ておくことが大切です。

このころ見られる花

シロツメクサ

ナズナ（ペンペン草）

ハルジオン

タンポポ

ホトケノザ

オオイヌノフグリ

3・4・5歳 春の色探し ★☆

4月 花

春には、たくさんの野の花が咲き、園庭や公園にはいろいろな色が生まれます。お散歩や外あそびのときに春の色探しをすることで、楽しくたくさんの野草に出会うことができるでしょう。

準備するもの
- 色画用紙
- 白い画用紙

保育者の準備
- 白い画用紙で種類別に分ける箱を、あらかじめ作っておく。
  例：赤、黄色、♡、ふわふわ、つるつるなどを分けて入れる箱など。
- みつけたカード（P.126）

導入　春の色ってどんな色？

色画用紙を見せ、「公園にはどんな色のお花や葉っぱがあると思う？」と問いかけ、あると思う色の画用紙を子どもたちに選んでもらう。

子どもたちが選んだ色画用紙や、選ばなかった色画用紙も公園で子どもたちに見せ、「画用紙と同じ色のお花や草を探そう！」と声をかける。

活動1　春の色を探そう

色画用紙と同じ色の草花を見つけたら、草花を少しだけ摘み、色画用紙の上に並べる。

黄色、白、ピンク、紫、赤、青、緑の7色は春の草花に多く見られる。その他の色も探してみよう。

活動2　形や手ざわり、においを探そう

みつけたカード（P.126）の「あか」「ざらざら」「いいにおい」などを見せ、当てはまる草花を探す。

「しゃらしゃら」「はーと」など、複雑なテーマでも、子どもたちは自由な発想で見つけてくる。

3・4・5歳 お散歩絵まき

お散歩に出かけたら、見つけた野の花を花束にして持ち帰りましょう。園に戻ったあと、野の花を1本1本並べてみると、お散歩で歩いた楽しい時間をもう一度絵本のストーリーにのせて思い出すことができるでしょう。

準備するもの
- 草花
- 障子紙
- 両面テープ
- 目玉シール（P.139の目玉の型紙を使っても）
- クレヨンや色鉛筆
- ペープサート

保育者の準備
- ペープサート（お散歩する主人公。例えば、イヌ、ネコ、ミツバチ、リスなど）を用意しておく。

導入　お散歩花束を作ろう

タンポポみつけたよ！

お散歩に出かけ、道を歩きながら気になる草花を探す。

細長い草やつるで束ねると一体感が出る

気に入った草花を集めたら1つに束ねて花束にする。

環境POINT!
道ばたや公園などにも多彩な花が咲く春。お散歩の途中に見つけた草花でも、花屋さんに負けない鮮やかな花束ができます。

活動1　集めた草花を並べる

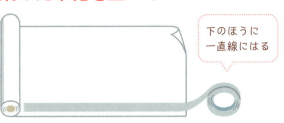

下のほうに一直線にはる

ロールの障子紙を広げて、下のほうに両面テープをはる。

並べた草花に目玉シールをはると、葉っぱにもキャラクター性が出て、あとのお話作りがさらに広がる。

お散歩で歩いていくイメージで、拾った野の花や草をはっていき、お散歩道を障子紙の上に再現してみる。

環境POINT!
障子紙を用意するのが難しい場合は、何枚かの画用紙をテープでつなげ、1枚の長い紙を作るとよいでしょう。摘んできたばかりの草花は香りもよく、室内でもすがすがしい緑を感じることができます。

活動2 出会った生き物などをかきこむ

「こうえんのそばのくさむらにちょうちょがいたんだ!」

「よく見てたね!」

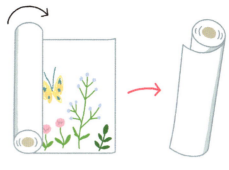

かきこめたら、障子紙のロールを巻き戻して、巻物を作る。

環境POINT!

チョウやテントウムシ、アリやダンゴムシなどが元気に動き始める春。草花のそばではこれらの生き物が見つけやすくなります。お散歩に出たら、公園までの道をただ通りすぎるのではなく、ゆっくりと観察しながら歩くことで、身近な自然を感じることができるでしょう。

4月 花

新星保育の本 シリーズ累計13万部超!

大人気イラストレーター カモさんによる

はじめての知育絵本

「できてうれしい!」気持ちを育てるシリーズ

2024年3月22日 2冊刊行予定!

『いっしょに あいさつ』
定価:1,089円(本体990円+税)
ISBN:978-4-405-07384-5

『トイレは ともだち』
定価:1,089円(本体990円+税)
ISBN:978-4-405-07385-2

カモ:え／山本省三:ぶん
B5変型判／24ページ／4Cオールカラー

ココといっしょにやってみよう!

＊イラスト・デザインはすべて仮画像です。

この絵まきの主人公はカマキリくん。さまざまなペープサートを用意すれば同じ絵まきでも別のストーリーに。

やってみよう! 1年のお散歩記録

1回あそんだだけで終わるのではなく、お散歩に行って草花を拾うたびに絵まきをつぎ足していきましょう。コピーをとっておいてつなげれば、色があせる心配もありません。季節ごとにつぎ足せば、同じ場所でも季節によって咲いている花が違うこと、出会う生き物が変わることに気づきます。

冬　秋　夏　春

3・4・5歳 花のカップケーキ ★

園庭や公園で春の野の花を摘んだら、お花のカップケーキを作りましょう。

準備するもの
- プリンカップなどの透明な容器
- 粘土（クリーム色と白など、スポンジに見立てられる色）
- 花びらいろいろ
- 葉っぱ、木の実など

保育者の準備
- 特になし

導入 スポンジ作り

透明な容器に粘土を詰める。

クリーム色の粘土がなければ、絵の具を少量混ぜて練りこむとよい。

環境POINT！
最近は100円ショップなどでも木粉を練りこんだクリーム色の粘土が売られています。白い粘土よりも自然素材となじみやすく、本物のスポンジのように見えるので、ぜひ探してみてください。

活動1 カップケーキの盛りつけ

スポンジの上に花や葉っぱ、木の実をのせる。さらに粘土を重ねたら、いちばん上に花や葉っぱ、木の実を飾ってできあがり。

個性豊かなカップケーキができたら、全員分を並べてみよう。おいしそうなケーキはどれ？

やってみよう！ 花のヘアバンド

余った花はヘアバンドにしてみましょう。ボール紙の両端に穴開けパンチなどで穴を開け、ゴムやひもを通して結びます。表面に両面テープをはり、好きな花びらをくっつけたら完成！ お店屋さんごっこをするとき、店員さんの衣装にしてもよいですね。

季節の花を使えば本物のアクセサリーにも負けない華やかさに。

3・4・5歳 花びらひらひら ★

4月 花

花は見ているだけでは、その構造に気づきにくいもの。直接ふれてみることでさまざまな発見があります。きれいな花を飾り楽しんだあとは、枯れて捨てる前に、花に直接ふれて花の美しさを最後まで楽しみましょう。

準備するもの
- 花の種
- 花（季節のもの）
- ブルーシート
- すり鉢
- すりこぎ
- スポイト
- 水
- コーヒーフィルター（白）

保育者の準備
- 特になし

導入　なんの種かな？

花の種を子どもたちに見せながら「これはなんの種でしょう？」と聞いて、当てっこあそびをする。

ヒマワリなどのおなじみの花や、あまりなじみのない花の種も一緒に見せて違いに注目してもよい。

活動1　花びらをばらしてみよう

花びらを1枚1枚ゆっくりとガクから外し、並べて観察してみる。

「これ、なんだろう？」おしべやめしべの不思議な形に興味津々。

同じように見える花びらも、並べてみるとそれぞれの形や色の違いに気づく。

環境POINT!

花びらを外していくと、ふだんは見えにくいおしべやめしべ、またおしべについた花粉の存在に気づきます。また、花びらもすべて同じ形ではなく、内側と外側で大きさが違ったり、色が違ったりします。花びらや葉っぱ、茎だけではなく、さまざまなパーツが複雑に組み合わさった花の構造に驚くことでしょう。

17

活動 2 花びらのシャワー

ばらした花びらをブルーシートに集める。

花びらを上に放り投げ、シャワーのようにしてあそぶ。

展開POINT!
花びらがひらひらと舞う姿はとても美しく、子どもたちは夢中になってあそびます。保育者が、上のほうから花びらを散らすと、花びらの違った動きを楽しめるでしょう。

活動 3 花びら染めのアサガオ作り

好きな花びらをプラスチックカップに集めておき、少しずつ花びらを加えながらすりつぶすとよい。

何種類かの花びらをすり鉢に入れ、すりこぎですりつぶす。

花びらから水分が出てきたらスポイトで水を少しずつ足す。コーヒーフィルターを折りたたんで浸し、色をつける。

色をつけたらコーヒーフィルターの下側をすぼめて、端をゆっくりと開いて窓にはりつける。乾くと窓にアサガオが咲いたように。

展開POINT!
コーヒーフィルターの丸い形を利用して、一足早く色とりどりのアサガオを楽しみましょう。できるだけ色の濃い花びらを用いるとより鮮やかな色が出ます。

0·1·2歳 乳児 の 小さな水中花とペンダント ★

4月 花

季節のお花を使ってかわいい水中花の置き物と、華やかな花のペンダントを作ってみましょう。春の花は彩りが鮮やかで、ちょっとした材料と組み合わせるだけでも、子どもの目をひくあそびにつながります。

準備するもの
- 花びらいろいろ
- 短く切ったストロー
- 透明な容器
- ひも

保育者の準備
- 花を摘んでおく。
- 透明な容器を何種類か用意しておく（カップ、ペットボトル、ポリ袋など）。

活動1 小さな水中花

花を摘んできたら、空き容器の中に水を入れて、水の中に花を浮かべてみる。花の色が水の中でより鮮明に輝いて見える様子を楽しむ。

小さな透明の容器などに入れて窓辺に飾れば、美しいインテリアにも。ポリ袋に入れるだけでもかわいい。

展開POINT!
水や光の力を借りることで、花の色はさらに鮮やかになります。水中花を窓辺に飾っておけば、室内でも季節を感じることができるでしょう。

活動2 花びらのペンダント

花のおしべをぬいたり、きりなどで穴を開けたりして、ひもを通す。短く切った色の異なるストローを交互に通しても楽しい。

サツキはガクから外して、めしべやおしべを抜くと中央に穴が開くのでひもを通しやすい。

5月 テーマ 葉っぱ

ひと口に緑の葉といっても、いろいろな色があり、いろいろな形があり、いろいろな手ざわりのものがあります。最初は、見たりふれたりすることから始め、子どもたちに多様な葉っぱと楽しく出会わせましょう。感じたことを言葉にのせると、新たな発見や発想を引き出します。また、葉っぱは木の一部として大切な働きがあるということにも気づくようになります。

年齢ごとの子どもの姿

0歳 葉っぱの手ざわりに慣れ、いろいろな形や色の葉っぱに親しむことから始めます。

1歳 / 2歳 葉っぱをそのままあそびに使うだけでなく、ちぎったり、穴を開けたりといった工夫であそびの幅が広がります。

3歳 / 4歳 / 5歳 植物の種類によって葉っぱの形や色が異なることや、表と裏で色や手ざわりが違う葉っぱがあることにも気づくようになるなど、自然への親和性が育ちます。

子どもへの声かけ

身近な草の葉っぱを手に取ってあそぶことから始め、大きな木の葉っぱにも楽しく出会わせましょう。音や光など五感を通じて葉っぱを感じられるようにします。

- みんなの近くにはどんな葉っぱがあるかな？いろんな葉っぱを見つけてみよう！
- 風が吹いたら目を閉じてみよう。どんな音が聞こえるかな？
- （下から上にある葉っぱを見て）光がきらきらしているね。

♥ねらい

- 身近な園庭や公園にある木や葉っぱに近づいて実際にふれてみましょう。
- 葉っぱは、自然に親しむ第一歩として、なじみやすい素材です。色（視覚）、手ざわり（触覚）、におい（嗅覚）、葉っぱのふれあう音（聴覚）など、いろいろな感覚をふれあいのきっかけにしましょう。
- ハーブなど、食べられる植物を園庭で育てるのも、味（味覚）を楽しめるのでおすすめです。

長く楽しむために

- 枝についたままの葉っぱなら、水を入れた容器にさして飾ってあげましょう。
- 拾い集めた葉っぱの色や形を思い出に残したいときは、葉っぱの上に紙を置いて上からたたき、葉っぱの姿や色を紙に写し取るあそびや、お絵かきなどの活動に取り入れるとよいでしょう。

⚠ 注意

- むやみに葉っぱをむしらないように、取っていいものと取ってはいけないものを教えます。「人が育てたものは取らない」「取る前に保育者に確認する」などの約束を最初に決めておくとよいでしょう。
- 虫がつきやすい植物があるので、手にするときには、葉っぱの裏までよく確認しておくことを忘れずに。
- 公園にもあるウルシ科の葉っぱなどはさわるとかぶれるので、近づかないように事前に注意しましょう。

このころ見られる葉っぱ

 ケヤキ
 クスノキ
 マテバシイ
 ハナミズキ
 カツラ
 ユリノキ

3・4・5歳 葉っぱじゃんけん ★

子どもたちの大好きなじゃんけんあそび。そのじゃんけんを、葉っぱを使ってあそんでみましょう。葉っぱの長さや大きさ、横幅など、さまざまな角度から勝ち負けのルールを変えて楽しむことができます。

5月 葉っぱ

準備するもの
- 葉っぱ
- 画用紙
- ペン
- 割りばし
- テープ
- ルールカード

保育者の準備
- 画用紙をA5くらいの大きさに切る。「ながい」「ふとい」「ぎざぎざ」など葉っぱの特徴を1枚に1つ書き、割りばしなどをつけてルールカードを作る。

導入　お気に入りの葉っぱを探す

「お気に入りの葉っぱを探そう！」と呼びかけ、1人1枚葉っぱを探す。

葉っぱの形や手ざわりなどに注目して声をかけて、子どもの興味を引き出す。

活動1　2人1組でじゃんけんをする

「葉っぱじゃんけん、葉っぱっぱ！」というかけ声に合わせて、葉っぱとルールカードをいっせいに出す。

「ながいのはどっちかな……」慣れたら審判を子どもに任せてもよい。

ルールカードの葉っぱの特徴により当てはまるほうを勝ちとする。判定が難しい場合はあいことする。

太さ、虫穴の数、ぎざぎざ、つるつる感、感触などをポイントにして競い合っても楽しい。

葉っぱの背比べ

3・4・5歳

グループに分かれ、葉っぱを全部並べて長さを競います。葉っぱ1枚ごとの違いを楽しんだあとは、葉っぱに目玉をつけて生き物に見立ててあそんでみましょう。ただの葉っぱが子どもの友だちになります。

準備するもの
- 葉っぱいろいろ
- 障子紙
- 両面テープ
- 目玉シール（P.139の目玉の型紙を使っても）

保育者の準備
- 障子紙を伸ばし、紙の中央に両面テープをはっておく。

活動1　葉っぱの背比べ

葉っぱじゃんけんで使った葉っぱを、障子紙の上に1列に並べてはり合わせていく。どのグループの葉っぱがいちばん長くなったかを競う。

環境POINT!
葉っぱを1列に並べてはっていくと、それぞれの葉っぱの姿が障子紙の上に浮かび上がります。形や色の違いなど、違うからこそ美しいことに気づくきっかけとなるはずです。

活動2　葉っぱに目玉をつけてみる

葉っぱに目玉シールをつけてみる。

切り株や草などに目玉シールをつけても楽しい。白い丸シールに子どもがペンで目をかきこむとより表情豊かに。

やってみよう！　紅葉の背比べ

秋には紅葉した葉っぱを使うと同じあそびでも違った楽しみが生まれます。赤い葉っぱ、黄色い葉っぱなど、色ごとに分けて並べたり、グラデーションを作ったり。また、春には緑だった葉が、秋には別の色になることもあります。同じ種類の葉っぱが、季節によって見せる変化にも注目してみましょう。

自然の生み出す鮮やかな色合いを味わいましょう。

0・1・2歳 乳児 の 葉っぱのタペストリー

5月 葉っぱ

葉っぱを使ってすてきなタペストリーを作りましょう。人工物に囲まれた保育室の中に葉っぱを持ちこむことで、命あるものは、日々変化していることを伝え、感じ合うことができます。

準備するもの
- 葉っぱいろいろ
- 障子紙（なければ画用紙）
- 両面テープ
- 目玉シール（P.139の目玉の型紙を使っても）

保育者の準備
- 葉っぱをたくさん集めておく。大きさや形、色などさまざまな種類があるとよい。

活動1 集めた葉っぱを障子紙にはる

「好きな葉っぱさんはあるかな？」

集めた葉っぱを広げ、子どもと一緒に葉っぱを障子紙にはる。

声かけPOINT!
できた作品に目玉シールをはると、子どもはさらに葉っぱに親しみをもちます。「葉っぱくんは何をしているところかな？」などの質問を投げかけて、いろいろな想像を引き出すと楽しいでしょう。

やってみよう！ タペストリーで作品展

季節ごとの作品を集めて作品展を開けば、そのときの葉っぱの質感とあそんだ楽しさを思い返すことができます。春の葉っぱ、夏の葉っぱ、秋の葉っぱ、冬の葉っぱ、それぞれの形や色の違いを見ることで、さらに子どもたちの興味を引き出します。

製作したら、カラーコピーをしておきましょう。葉っぱの色や形、質感をそのまま保った状態で残すことができます。

3・4・5歳 葉っぱのお顔

葉っぱを目や鼻、口に見立てていろいろな顔を作ってみましょう。自分の顔やお友だちの顔、先生の顔。ほかにはどんな顔ができるでしょうか。箱の大きさや形によっても表情や雰囲気が変わってきます。

準備するもの
- 葉っぱいろいろ
- 画用紙
- テープ
- 両面テープ
- 木の枝や実など

保育者の準備
- 画用紙の四辺を折り上げて、四隅をテープでとめ、箱を作っておく。箱の底には、両面テープをまんべんなくはっておく。

活動1 箱に葉っぱをはって顔を作る

集めておいた葉っぱを目や鼻、口に見立てて、箱にはる。

箱は同じ形や大きさばかりではなく、長細いものや大きなもの、三角やひし形なども用意しておくとさらに表情豊かに。

先生の顔を作ってみてね！

声かけPOINT!
「先生やお友だちの顔を作ってみよう！」などと声をかけると子どものイメージがふくらみやすくなります。じつは子どもは人それぞれの特徴をよくつかんでいるもの。できあがった作品に驚かされるはずです。

やってみよう！ 森の「顔」展覧会

箱のお顔がたくさん生まれたら、園庭や公園の植えこみなどに並べてみましょう。自然の樹木の姿を生かしながら箱の顔を並べれば、とてもすてきな森の展覧会の場となります。自然を展示に活用することで、より子どもたちの作品性が高まります。

置く場所によって作品の見え方は大きく変わります。どんなふうに置けばもっとすてきになるか考えることで、自然の中により深く入りこむことができます。

0・1・2歳 乳児の いないいないばあごっこ

5月 葉っぱ

幼児クラスの子どもたちの作った箱の顔を使って、乳児クラスの子どもたちも楽しくあそぶことができます。自分たちの作品で喜んでもらうことで、子どもたちの自信にもなります。

準備するもの
- 絵本『いない いない ばあ』(P.122参照)
- 幼児の作った葉っぱのお顔

保育者の準備
- 特になし

導入　絵本『いない いない ばあ』の読み聞かせ

葉っぱのお顔をいくつか用意して、見えないところに隠しておき、『いない いない ばあ』を読み聞かせる。

読み終わったら、箱の裏を見せながら「あっ、これはなんだろう？」と呼びかける。

活動1　「いないいないばあ！」で葉っぱのお顔を見せる

「いないいないばあ！」と言いながら、ひっくり返して葉っぱの顔を見せる。

かけ声に合わせて、どんどんひっくり返していきましょう。

展開POINT！

乳児が喜んでいる様子をぜひ幼児にも見せてあげましょう。できるようなら「いないいないばあ！」と声をかけてひっくり返す役目を幼児にやってもらいます。自分の作品が喜ばれることにより自信が芽生え、年下の子に対するやさしさもはぐくまれます。

3・4・5歳 葉っぱのコップ楽器

紙コップを葉っぱで飾って楽器を作りましょう。紙コップの準備ができたら、外の散歩へGO！　鮮やかな色の葉っぱをはるだけで、"スペシャル感"がぐっと高まります。

準備するもの
- 紙コップ（大小いろいろな大きさ）　● たこ糸
- 小枝　● テープ　● 両面テープ　● きり
- カラーペン（または目玉シール）　● ティッシュペーパー

保育者の準備
- 紙コップの底にきりで穴を開けておく。
- たこ糸を20cmくらいに人数分切っておく。
- 3歳児の場合は、土台作りまで準備しておいても。

活動1　楽器の土台を作る

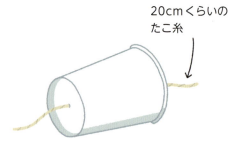

紙コップに開けた穴に、たこ糸を通す。

たこ糸の先に小枝をつけてテープでとめ、たこ糸が抜け落ちないか確認する。

活動2　葉っぱをコップにつける

紙コップに両面テープをつけて外へ出て、気に入った葉っぱをはる。カラーペンや目玉シールで表情をつける。

落ち葉を使って耳をつけたり、小枝をひげにすれば動物の顔のできあがり！

環境POINT!

土台をお散歩に持っていけば、葉っぱや小枝、木の実などの材料を集めて、どんどん自分らしい楽器にカスタマイズすることができます。「こんな葉っぱないかな？」と考えながら歩くことで、ふだんより自然に目を向けるきっかけにもなります。

活動3 できあがった楽器を演奏する

5月 葉っぱ

ぬれたティッシュペーパーでそっとたこ糸をこすってみる。どんな音が出るか耳を澄ませて聞く。

声かけPOINT!
音を鳴らす前に「どんな音がするかな？」と声をかけてみましょう。想像していた音と実際の音の違いに子どもたちはびっくりするはず。

やってみよう！ みんなで即興コンサート

できた楽器をみんなで鳴らせば即興コンサートの始まりです。公園で演奏すれば、枝や石を使って別の楽器もできるでしょう。

葉っぱがたくさんついた枝を持って振ります。

保育者は手をたたき、リズムを取りましょう。

2つの石を合わせて音を出します（P.66参照）。

27

6月 テーマ 雨 ☂

雨の日は、外あそびができずに保育室にこもりがち。大人が雨をやっかいに感じていると、子どもは雨の楽しさを見つけられません。雨の日は雨ならではの楽しさを子どもと一緒に見つけていきましょう。また「恵みの雨」という一面にも目を向け、雨から山、川、海、雲、という大きな水の循環を考えるきっかけ作りを心がけます。

年齢ごとの子どもの姿

0歳 雨の日ならではの空気感やにおい、音を楽しみます。

1歳 2歳 雨を楽しむ子どもと、ぬれるのを嫌がる子どもなど、雨や水に対する好みがはっきりしてきます。なじんでいくスピードもさまざまです。

3歳 4歳 5歳 雨が降る意味に興味をもつようになります。草木が水を必要とすることや、自分がふだん使う水がどこから来るのかといった疑問から、水の循環に気づき始めます。

📢 子どもへの声かけ

大人は行事に影響する雨天だけを気にしがち。ふだんから、雨ならではの楽しさに気づける声かけを心がけましょう。

> 雨が降ってるね。お花や木はお水が大好きだから喜んでいるね。

> 雨が降っているのに、木の下はぬれないね。どうしてかな？

> 降った雨は、どこに流れてどこにたまっているのかな？

♥ ねらい

- 雨の音を楽しんだり、窓に当たり流れるしずくの動きを目で追ってみたり、さまざまな雨の模様に気づかせましょう。
- 「雨はどこから来るの？」「どうして雨が降るの？」などの素朴な疑問が、水の循環を考えるきっかけとなります。
- 晴れた日とは違う園庭のにおいなどにも気づいていきます。

🫙 長く楽しむために

- あらかじめ水彩絵の具を使ってかいた絵を、雨の日に外に出しておくなど、雨のしずくを利用したにじみ絵は思わぬ仕上がりが楽しめ、その日の雨の記憶を子どもの心にとどめます。
- 行事の前日に、晴れますようにと願いをこめて作るてるてる坊主も、子どもにとっては雨の日の楽しいあそび。晴れを待つ雨の日の気持ちを思い出させます。

⚠ 注意

- 嫌がる子は、雨にぬれない保育室の窓やテラスから、雨の降る様子や雨の音と楽しく出会える工夫をしてみましょう。無理をさせないよう気をつけて。
- 雨上がりに雨のしずくを探すなど、雨が降っていないときにできるあそびも工夫するとよいでしょう。
- 雨の日のお散歩で、公道に出る場合は、マンホールのふたなどで滑りやすいので注意しましょう。

いろいろな雨

春雨（はるさめ）
春にしとしとと降る雨。

夕立（ゆうだち）
夏の夕方ごろ、急に降り始めるどしゃぶりの雨。

きつねの嫁入り（よめいり）
日が照っているのに、雨が降ってくること。

3・4・5歳 雨集め隊 ★★

6月 雨

オリジナルのレインコートを着て、園庭の雨を集めに行きましょう。いつもあそんでいる園庭のどこに雨が流れ、どこにたまっているのか。日々のあそびの中で子どもたちはよく学んでいます。その観察力にきっと驚くはずです。

準備するもの
- 絵本『あめ ぽぽぽ』（P.123参照）
- カラーポリ袋（大〈45L〉と小〈頭の大きさ〉に合わせる）
- はさみ ● テープ ● スポンジ ● ペットボトル（小）人数分
- ペットボトル（500mL）数本 ● スポイト ● 障子紙 ● 絵の具（赤、青、黄）

保育者の準備
- 500mLのペットボトルを1グループに1本用意しておく。ふたの裏にそれぞれ異なる色の絵の具をつけておく。

導入　絵本『あめ ぽぽぽ』の読み聞かせ

園庭にも雨がたまっているところはあるかな？

『あめ ぽぽぽ』の読み聞かせのあと、「雨はどこにどんなふうに降ってくるかな？」と声をかける。

はっぱにもしずくがついてる！

ぶらんこのくぼみのところにたまっているよ！

雨のたまっている場所を想像して、雨を集めに行く場所をグループで話し合う。

活動1　マイレインコート作り

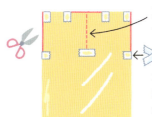

真ん中は1枚のみ切り込みを入れる。

ポリ袋（大）の赤線部分に切りこみを入れ、破れないようそれぞれの端をテープでとめる。

着たときに、ひざ丈になるように袋の口側を5〜10cm切り落とし、ベルトにしたら完成！

展開POINT！

ポリ袋（小）を縦2つに切り、レインコートのえり部分にはればフードつきレインコートに。

ポリ袋を縦2つに切る。

レインコートのえり部分にはって完成。

ほんもののレインコートみたい！

活動2 雨集め

「ジャングルジムにいってみよう！」

「スポンジですいとろう」

ジャングルジムにスポンジを当てて水滴を集めたり、雨どいの下から流れる水を集めたり。子どもたちは夢中で雨を集める。

マイレインコートを着たら、スポンジとペットボトル（小）を持って、雨集め開始！ グループごとに決めた時間内に雨を集める。

葉先からポタポタ垂れてくる雨の水を受け止めるなど、子どもたちの工夫に驚くことも。

環境POINT!

多くの園では、雨の日は外あそびはやめて、保育室の中であそぶ姿が見受けられますが、雨だって自然の姿。雨の日は、思いっ切り雨を楽しむあそびを体験してみましょう。

やってみよう！ マイアンブレラ

透明なビニール傘に飾りをつけて、自分だけの傘を作りましょう。ビニールテープやカラーセロファンで、カラフルにデザインした傘をさして歩けば、雨の日がもっと楽しくなります。乳児の場合は保育者が傘をさして一緒に歩きます。幼児なら自分でさして歩くこともできます。

「テープでとめる」

ビニールテープやカラーセロファンをいろいろな形に切っておく。保育者が一緒に傘にはる。

葉っぱをたこ糸ではりつければ歩くたびに揺れる姿が楽しめる。

活動3 雨の量比べ

雨水を集めた容器を並べて、グループでだれがいちばん雨水を集めたかを確かめ合う。

さらにペットボトル（500mL）の中に、グループの雨水を集める。どのグループがいちばん集められたかを比べ合う。

活動4 雨に色をつけよう！

展開POINT!
確かめるときにふたを閉めてペットボトルを思い切り振ります。すると、ふたの裏の絵の具が混ざり、みんなで集めた雨水が、鮮やかな色水に。色が変化した瞬間、子どもたちの表情もぱっと明るく変わります。

赤い雨、青い雨、黄色い雨が、障子紙の上で混ざり合い、複雑な色の世界が生まれる。

活動5 色の雨を降らそう！

雨雲になって地面に雨を降らそう！

障子紙を床面に長く敷き、集めた雨の色水を、スポイトで思い思いにポタポタと降らす。

展開POINT!
色が混ざった障子紙は、乾かして、次の保育の中で活用します。はさみで切ったり手でちぎったりして、チョウやクジャクの羽になったり、折り紙になったりします。雨の日のあそびの成果が次のあそびにつながっていきます。

障子紙が、カラフルで涼しげなうちわに変身！

6月 雨

0・1・2歳 乳児の レインハウス

　小雨のときには、保育室から1歩出て、園庭やテラスにレインハウスを置いて雨を楽しみましょう。体をぬらすことなく、雨のしずくが流れる様子を見たり、雨の音を聞いたりして楽しむことができます。

準備するもの
- 段ボール（大）
- カッター
- ビニールシート
- ガムテープ
- ブルーシート

保育者の準備
- レインハウスを作る。　※作り方は下記参照

準備　レインハウスの作り方

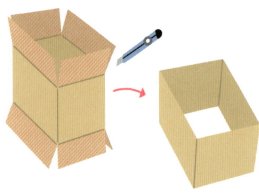

段ボール箱の底部分をカッターで切り落とす。

雨の重みでシートがはがれないようにしっかりはろう！

窓やドアを作っても楽しいよ！

屋根になる部分にガムテープでビニールシートをはる。底にはブルーシートを敷く。

活動1　レインハウスから雨を見よう

レインハウスに入り、雨の様子を観察する。しずくの動きや雨音にも注目して声をかけるとよい。

ビニールシートの上に季節の花びらを散らすと、雨のしずくで流れたり揺らめいたりする動きが見られる。

しずくころころ ★

3・4・5歳

6月 雨

雨上がりには、葉っぱの上やクモの巣に、きれいな水滴がのっています。雨上がりのお散歩でしずくと出会ったら、今度は、保育室の中で、しずくを作ってあそびこみましょう。

準備するもの
- 葉っぱ（水をはじくものとはじかないもの）
- スポイト ●水 ●カップ
- 絵の具（赤、青、黄） ●和紙（障子紙）

保育者の準備
- いろいろな種類の葉っぱを集めておく。つるつるしたもの、ざらざらしたものなど、質感の違うものがよい。

導入　しずくを見てみよう

水をはじかない葉っぱの上に、水を1滴落としてみせる。

次に、水をはじく葉っぱの上にも同じように水を1滴落とし、葉っぱの上でしずくが転がる様子を観察する。

活動1　しずくをころころしてみよう

各自に、スポイト1本、葉っぱを1枚配る。カップに入れた水をスポイトで吸い取り、葉っぱの上にそっと垂らす。

しずくを大きく育てたり、目や口に見立てて顔を作ったり、思い思いのしずくができる。

ほかの葉っぱにも水を垂らし、しずくがころころする葉っぱとそうでない葉っぱの違いを見てみよう。

「みて！　ほっぺのうえでもころころするよ！」腕やおでこにしずくをのせて大はしゃぎ。

活動2 しずくリレーをしよう

葉っぱを動かさないようにしっかり持ってね！

葉っぱを1人1枚持って、円になる。スタートの子どもの葉っぱの上に、しずくをそっと1滴のせる。

もらったしずくを、次の人の葉っぱの上に渡していく。これを繰り返し、最後の人までしずくを渡せたらゴール。

環境POINT!

保育室の中のお日様が当たっているところで行えば、葉っぱの上のしずくがきらきら宝石のように輝きます。その1滴のしずくを見た瞬間から、子どもたちの心は、しずくに釘づけになっていきます。

葉っぱは、水をはじき、大きなものを選ぶとリレーしやすい。慣れてきたら、小さい葉っぱをあえて使用しても。

●水をはじく主な葉っぱ
・カツラ ・タイサンボク ・ハス ・サトイモ ・シロツメクサ

活動3 しずくに色をつけよう

6月 雨

絵の具を溶かした色水をカップに入れ、スポイトで吸い取り、葉っぱの上に垂らしてみる。

カラービーズのように、葉っぱの上できらきら輝く。別の色のしずくが交わって、新しい色になる楽しさも。

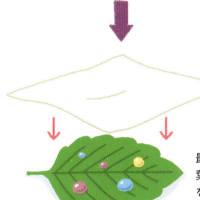

最後は、和紙でそっと葉っぱの上からしずくを吸い取ると、きれいな色紙に。

「こんな色になったよ！」グループごとに見せ合いっこしてみよう。

やってみよう！ しずく探しにお出かけ

晴れた日には園庭や公園に、スポイトと少しの水を持って出かけましょう。さまざまな葉っぱの上に、スポイトで水を垂らしてみると……。しずくを探すことによって水をはじく葉っぱ、はじかない葉っぱを子ども自身の手で、目で、見つけ出すことができるでしょう。

「このはっぱはどうかな？」子どもの好奇心が深まる。

しずくあそびをきっかけに、葉っぱの質感や形などに自然と目を向けるようになります。

7月 テーマ 泥

泥は、土の性質や水の量によってかたさや手ざわりが変わります。泥あそびには手や指先を通じた五感への刺激がたくさんあり、脳を刺激し、豊かな感性を育てます。また、ものの性質について考えるきっかけにもなり、手や指先の運動を促す効果もあります。感触が苦手な子もいるので植物の世話をするときに土に親しむなど、ほかの活動とリンクさせることで、少しずつなじめるようになります。

年齢ごとの子どもの姿

0歳 初めてのときは警戒して泥にふれないことも。泥の形状の変化を見ることから始めます。

1・2歳 いろいろな泥の感触を楽しみます。苦手な子どもも、ほかの子どもの姿を見て興味を示すこともあるので、気長に見守ります。

3・4・5歳 水を足すとやわらかくなったり、砂や粘土質の土など、もとの材料によって泥の感触が変わることにも気づくようになり、自分のしたいことに合わせて工夫する姿が見られます。

📣 子どもへの声かけ

感触やにおい、形状の変化のおもしろさと出会えるように、具体的に言葉で伝えたり、子どもの興味を引き出す声かけを心がけます。

- 水をもっと入れるとどうなるかな？
- どろどろでかたかったけど、やわらかくてとろとろになったね。
- 先生がこの間土を掘ったらね、幼虫がいたんだよ。

♥ねらい

- 水の量や土のタイプで泥のかたさや扱いやすさが変わるため、創意工夫する意欲や、自由な発想が育ちます。
- 自在に変わるさまざまな泥の感触から、手のひらや足の裏の感覚を高めます。
- 3～5歳になると「仕事」への興味が強くなるので、塗装用のコテなどの道具を用意すると、左官屋さんごっこなどの具体的なごっこあそびを楽しむようになります。

🫙長く楽しむために

- 泥あそびを楽しむ子どもの姿や、作ったものは写真に記録します。板や紙に泥をぬりつけたときは、エントランスなどに提示し、お迎え時に保護者に見てもらうのもよいでしょう。
- 午前中あそんで作った泥の作品は、お迎えのころまでに、どんどん乾いて最初の姿から変わっていきます。その変化も楽しみたいですね。
- 丁寧に磨き上げてかたくなった泥だんごは、子どもの大切な宝物です。ロッカーや靴箱に飾り、降園するときに持ち帰るようにすると、家でも楽しめます。

⚠ 注意

- 泥あそびを始める前に、特に指や手に切り傷などのけがをしていないかを確認することが大事です。
- 泥がついた衣服は洗濯しても落ちにくいので、あらかじめ保護者に泥あそびをすることを知らせておき、汚れてもよい服装であそびます。
- あそびをする場所を事前に掘り起こし、土の中に埋まっているごみや幼虫を取り除きます。子どもにはあそびの間に幼虫が出てきたら、さわらずに保育者に報告するよう伝えておきます。
- 泥あそびを始める前に、「友だちには泥をぬらない」「自分の体にぬるときは、目、鼻、耳などの"穴"に入れない」ことをみんなで約束しましょう。

泥にすむ生き物

ドジョウ　カエル　タニシ　ザリガニ

3・4・5歳 泥場作り ★

7月 泥

まずはあそびのもととなる泥場を作ってみましょう。あそび方によってどのくらいの水加減にするのが適しているか考え、いろいろと実際に試してみることで、ちょうどよい加減を体得でき、子どもたちの想像力と創造力を伸ばします。

準備するもの
- スコップ ●ふるい（園芸用） ●水 ●バケツやたらい
- 鍋、フライパン、フライ返しなどの調理器具
- 食器 ●葉っぱ

保育者の準備
- 汚れてもよい服装をしてくるよう、事前に家庭に連絡する。
- 手や足に傷がある子はいないかを確認する。

導入　泥場を作る

園庭でやわらかい土がある場所を探して、スコップで掘り返す。落ち葉がたまっているようなところがよい。

ミミズなどの虫が出てくるので、大事に別の場所に移す。

展開POINT!
虫が出てきたら土ごと容器に移して飼育してみるのもよいでしょう。土あそびから虫と仲よしになるチャンスにつながります。

活動1　ふるいで土と小石などを分ける

危ない小枝やガラス片などがありそうなときは、保育者が取り除く。

さらに園芸用のふるいで小石などと分けて、さらさらの土を作る。

穴いっぱいにさらさらの土を入れ、水を注ぎ混ぜて、泥場の完成。水はどんどん吸収されるので、水の入ったバケツは脇に用意しておく。

「今日はどんな泥にするといいかな？」あそびのたびにちょうどよい泥の加減を考えよう。

活動2 泥バケツ

バケツにさらさらの土と水を入れて混ぜ、泥を作る。水は少しずつ入れ、かたさを調整するとよい。

環境POINT!
泥場を作るのが難しい場合は、バケツやたらいの中で泥を作ってもよいでしょう。容器に入れると深さが出るので、ずぶずぶと手を沈めてあそぶことができます。

泥に手を入れて感触を確かめる子どもたち。粘土や砂とはまた違う手ざわりを楽しむ。

活動3 泥クリーム

つめたーい！

泥を腕や脚などにクリームのようにぬってあそぶ。

乾くと徐々にひび割れてはがれ、脱皮したように。あそび後、きれいに洗い流すのは大変になるが、それも子どもにとってはあそんだ"勲章"と感じられるはず。

泥のお料理

どろんこハンバーグだよ

フライパンや鍋を使い、泥で料理を作る。できた料理は皿に盛る。

泥のハンバーグや葉っぱで作ったつけ合わせなど、毎日の食事のような料理が完成！

0・1・2歳 乳児 の 泥のお顔作り ☆☆

7月 泥

形を作ったり、自分で泥を調節するのが難しい乳児には、小さな箱に泥場を用意してあげましょう。葉っぱや小枝を顔のパーツに見立てれば、楽しいお顔の完成です。

準備するもの
- 葉っぱや小枝、花、木の実いろいろ
- お菓子の箱（しっかりしたかたさのもの）
- コテ（あれば）

保育者の準備
- 泥場で泥を作っておく（P.37 参照）。

導入　土台を作る

どろんこいっぱい入れてみよう

これでお顔の準備ができたよ！

ギュッ ギュッ

お菓子の箱に泥を詰める。できるようなら子どもが、難しければ保育者も一緒に詰める。

泥を詰めたら手やコテでならす。

活動1　泥のお顔作り

準備しておいた葉っぱや小枝、木の実などを目や鼻、口に見立てて顔を作る。

写真のようなきれいな顔にならなくてもOK。泥の上に思うままに並べて置くだけでも、乳児にとっては十分に達成感がある。

展開POINT!
色のある葉っぱや木の実を用いたり、泥に絵の具で色をさしてあげたりすると、さらに想像力がふくらみます。幼児に展開する場合は、素材は子どもが自分で探すとよいでしょう。その季節の自然と泥がコラボしていくおもしろさが生まれます。

3・4・5歳 泥だんごころころ

泥でぴかぴかのおだんごを作ってみましょう。「これが泥？」と驚くほどきれいなおだんごができます。子どもたちは1つ1つに思いをこめて、夢中になって取り組みます。

準備するもの
- 泥
- 乾いた土
- ボウルなどの容器
- ふるい
- 布（ジャージなど化学繊維のもの）
- 雨どい（梱包用の紙の筒を半分に切っても）
- 段ボール

保育者の準備
- 乾いた土をふるってさらさらの土を作っておく。
- 雨どいや紙の筒がない場合は、竹を半分に割り、節を削っておいてもOK。

活動1 泥だんごを作る

ボウルなどの容器に入れて、泥場から持ってきた泥を手で丸めておだんごを作る。

ふるいにかけたさらさらの土をだんごにまぶしてかためる。これを繰り返す。

活動2 泥だんごを磨く

泥だんごが崩れないよう、そっと扱うのがコツ。「たまごみたいにそっと握ってね」など声をかけよう。

しっかりとだんごがかたくなったら、布の切れ端でぴかぴかになるまで磨く。

ぴかぴかになったよ！

環境POINT!
泥といえばぐちゃぐちゃしたものと思いがちですが、しっかり磨いてやることで、まるで水晶のように美しいおだんごができます。子どもたちは素材の変化にきっと驚くはず。1つの素材が大きく変化をとげる様子を実際に見て、さわりながら学ぶことで、多角的な視点が養われます。

活動3 泥だんごころころ

7月 泥

こわれないように そうっとね

雨どい（写真は竹）を斜めに立てかけ、上から泥だんごをゆっくり転がしてみる。

上手にキャッチできるかな？

泥だんごが壊れないよう、ゴールには子どもの手を添えるとよい。

最後はボールに見立てた泥だんごを、段ボールで作った壁などに当ててあそんでも。

展開POINT!

しっかり作った泥だんごはかなり丈夫なので、転がしても壊れにくく、ボールのようにあそべます。さらさらの土からどろどろの泥に、そしてかたい泥だんごになるまでの質感の変化を感じながらあそびましょう。

やってみよう！ ぴかぴか泥だんご

1 泥だんごにさらさらの土をかける。

2 やさしくなでるように

親指で、余分な土を落とす。❶❷を繰り返す。

3 割らないようゆっくり

泥だんごを布でやさしくなでて、つやを出す。

3・4・5歳 泥の壁ぬり（左官屋さん）

泥をぺたぺた壁にぬって左官屋さんになりきりましょう。実際の建築現場などを想定して、大人の仕事場と子どものあそびをリンクすることで、子どものあそびこみが深まります。

準備するもの
- 木の皮や枝
- 段ボール紙（または板など）
- テープ
- 泥
- コテ（あれば）
- 泥を入れる容器
- 泥を運ぶリヤカー、バケツなど
- 模造紙
- 筆
- 葉のついた枝

保育者の準備
- 広げた段ボール紙に木の皮や枝などをテープではりつける。

準備　泥をぬる壁を作る

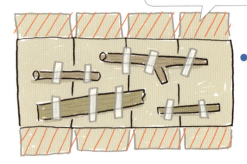

上のイラストのようにややランダムに木の皮や枝などをとめるとおもしろい。

（赤い部分はカッターなどで切り落とす）

少し傾斜を付けて立てておく。木の皮や枝をはることで、泥が流れ落ちるのを防ぐことができる。

活動1　泥で壁をぬる

泥を壁にぬる。本物のコテがあるとより楽しい。

泥を作る人、泥を建築現場まで運ぶ人、壁をぬる人など、必要な役割を考えると、チームワークが育つ。

活動2 泥のアトリエ

さらに、泥を絵の具のように使い、手や筆、葉っぱのついた小枝で壁に自由に絵をかく。

展開POINT!
あらかじめ板に模造紙をはり、絵の具で絵をかいておきます。その上から泥をぬり、指で泥をぬぐっていけば、きれいな絵の具の色が浮かび、絵の具あそびとその後の泥あそびにつながりが生まれます。

泥をすくってぶつけたり、小枝の先に泥をつけてかいたりして、偶然できた泥の模様を楽しむ。

活動3 泥のお絵かき

泥を絵筆につけてお絵かきする。水を多めにすると絵をかきやすい泥になる。

「ここにもようをかいて……」段ボールもキャンバスに早変わり。

やってみよう! 田んぼ作り

土と仲よくなれたら今度は田んぼ作りにチャレンジしてみましょう。お米がどんな泥で育つのか、土がどんな役割を果たしているのか。自分たちで考えながら育てて味わうことで、ふだんなにげなく食べている食べ物や農家の方への感謝の気持ちが育ち、食育にもつながります。

土作りの様子。土のかたまりをスコップでほぐす。

稲は日々様子が変わるので、その変化や生長に気づくよう観察や声かけをしましょう。

7月 泥

8月 テーマ 水

子どもは水あそびが大好きです。小さいうちは、ただ水にふれたり、水におもちゃなどを浮かべるだけでも十分楽しめます。水あそびというと夏のイメージがありますが、プールにためた水だけでなく、雨の降る様子やしずくなど、身近な自然の水の姿にも注目しましょう。雪や氷あそびなど、年間を通して変化する水は、科学する心の芽生えを育む身近な素材でもあります。

年齢ごとの子どもの姿

0歳 ふれたり、しずくが垂れる音を聞いたり、水の感触や音、流れや動きを楽しむことからスタート。

1・2歳 色水あそびやにじみ絵あそびなど、水を使ったあそびを楽しめるようになります。

3・4・5歳 高いところから低いところへ流れたり、凍ったり、表面張力でこぼれなかったりなど、水の性質のおもしろさに気づけば、体験を通した確かな学びにつながります。

📣 子どもへの声かけ

ただの色水でも、色からにおいを想像するなど、子どもは想像力が豊か。子どもたちが、五感を使って感じ、自ら気づけるような声かけを工夫しましょう。

- （蛇口をひねるまねをして）どんな音がするかな？
- （近くに水たまりがあれば）きらきら光るしずくちゃん、どこにいるかな？
- （シャワーを身の回りのものに当てて）音が変わるね。次はどんな音になるかな？

❤ ねらい

- ため水、シャワー、氷といったいろいろな形状の水にふれることで、水の性質にあそびを通して楽しく気づくようになります。
- にじみ絵や色水あそびを通じて、絵の具が水に溶ける不思議を感じます。

🫙 長く楽しむために

- 子どもが作った色水を、ペットボトルに入れてふたを密閉すると、色を楽しんだり、おままごとなどに利用したりできます。
- あそびのあと、ペットボトルに水を入れて、日が当たる窓辺に置いたり、ポリ袋に入れて口を縛り、窓にぶら下げたりすると、きらきら輝いて美しく、子どもたちの水への関心が持続します。
- にじみ絵などにすると、水の形や水の流れを絵に写し取って目で見ることができます。

⚠ 注意

- 乳児の場合は、たらいに張った少量の水でも事故が起きる場合があるので、保育者が子どものあそび心を妨げないように気をつけながらもしっかりと見守ります。
- 2歳くらいまでの子どもは、自分が入っているたらいの水を飲んでしまうことがあるので、「あそびで使う水は飲まない」ことを最初によく伝えます。
- 特にストローを使っているときは、一気に吸いこんでしまうことがあるので注意しましょう。
- 園庭であそんだあとの水は、すべて回収しましょう。おままごとのお椀や鍋、バケツに残った水をそのままずっと放置すると、蚊の発生源にもなります。

水はどこから来るの？

①雨が山などにしみてダムにたまったり、川に流れたりする。

②ダムや川の水を浄水場できれいにする。その水が、家や園などに届く。

3・4・5歳 水運びリレー ★

8月 水

子どもたちのわくわくどきどきをかき立て、知恵を寄せ合いながらチームワークを高めるあそびです。お互いの力加減や歩く速さなどをよく観察し合うことで、相手を思う気持ちが生まれます。

準備するもの
- プラスチックカップ
- ビニールシート（45Lゴミ袋1枚程の大きさ）
- バケツ
- ペットボトル（大）

保育者の準備
- プラスチックカップの底に穴を開けておく。

導入　水にさわってみよう！

穴を開けたプラスチックカップに水を入れる。保育者がカップを持って子どもたちの間を走り、順に穴から落ちる水にさわってもらう。

次に2人1組でじゃんけんをし、勝ったほうが、手のひらに水をつけて、負けたほうの腕やほっぺたにふれる。

環境POINT!
暑い季節の水あそびは子どもたちのわくわくを高めます。まずはさまざまな方法で水にさわり、わくわくをかき立てましょう。

活動1　水を持つ方法を考える

「どうしたらこぼれないかな？」

「みんなでもってみる！」

「おっとっと！」

4人1組になり、ビニールシートの四隅をしっかり持つ。その上に保育者がゆっくりとバケツの水を注ぐ。

ビニールシートに水をかけて、流れる様子を見せ、「こぼさないようにするにはどうしたらいい？」と声をかける。

展開POINT!
シートをピンと張りすぎたり、4人の心や動きがばらばらだったりすると水はこぼれてしまいます。子どもたちが試行錯誤する様子を見守りましょう。

45

活動2 水運びリレースタート！

いそげ！ いそげ！

離れたところに空のペットボトルを置く。どのグループがバケツの水をいちばん速く移せるか競う。

スタートでは、保育者がバケツの水をシートの上に移してあげるとよい。

「こぼさないように、そっとね！」水を運ぶ速さだけでなく、運んだ量でも競おう。

運んだ量を比べるときは、チームごとに水に色をつけるとさらに盛り上がる（P.31参照）。

展開POINT!

チャプチャプとはねる水に子どもたちは大盛り上がり！ 一度にたくさん運ぼうとするとシートが重く、水の動きがより不規則になり、途中でこぼしてしまうことも。上手に運べる方法をみんなで考えましょう。

やってみよう！ ミックスジュースパーティー

色水を作ったら、子どもたちにプラスチックカップを渡して赤、青、黄の色水を配り、みんなで乾杯！ そして「ミックスジュースを作ってみよう！」と声をかけ、子どもがお互いの色水を混ぜ合いっこします。あまり混ぜすぎると濁るので、「自分が好きな色ができたら、テーブルに置こう」とストップのタイミングを知らせるのもポイントです。

鮮やかな色合いを見て楽しみましょう。

3・4・5歳 水の不思議 ★★

8月 水

あふれそうであふれないコップの水。指を入れてみるとなぜか指が太く見える。水がもつさまざまな性質は子どもたちにとって不思議のかたまりです。水と少しの素材を使って探究心をかき立てるあそびをしてみましょう。

準備するもの
- 透明なプラスチックカップ
- ビー玉
- 水
- 透明なボウル
- ペットボトル

保育者の準備
- プラスチックカップに水を8分目くらいまで入れておく。

導入　水にビー玉を入れてみる

はねないように
ゆっくりゆっくり

8分目まで水を入れたプラスチックカップにビー玉を2、3個入れてみる。

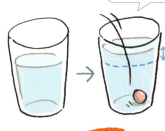

さっきよりふえてる！

水がどのくらい増えたか観察する。

環境POINT!
活動は晴れた日に太陽の下で行うのがおすすめ。カップの中で水に沈んだビー玉が光を浴びてきらきらと輝きます。

活動1　こぼれない不思議な水

水がこぼれないよう、ゆっくりビー玉を入れていく。こぼれるぎりぎりのところまで入れたらしばらく様子を観察する。

「もうこぼれちゃうんじゃないかな？」「まだ大丈夫！」水面が揺れないよう、ゆっくり入れるのもポイント。

声かけPOINT!
水が満杯に近づいてきたら、「あといくつビー玉を入れたらあふれるかな？」と声かけしてみてもよいでしょう。ゲーム性が加わることで、子どもたちはさらに夢中であそびこむことができるでしょう。

活動2 水の中で大変身!?

水を入れたプラスチックカップの中に、保育者がゆっくり指を入れてみる。カップの横から変化を観察する。

「指が急に太くなっちゃった!」水の不思議な性質に興味が尽きない子どもたち。

展開POINT!
子どもたちは「どうして太くなったんだろう?」と、自分の指もコップに入れていきます。指以外に小枝や葉っぱなど、別の素材も入れてみましょう。

活動3 水を使ってにらめっこ

透明なボウルの下からのぞいたら……? 水が揺れると顔の輪郭もゆらゆら。

水の性質を使ってにらめっこしてみる。カップ以外にペットボトルや透明なボウルを使っても楽しい。

展開POINT!
びよーんと伸びたり縮んだりする顔を見て、子どもたちはお互いに大笑い!「こんなふうにしたらもっとおもしろいよ!」と、新たな道具を使ったり、視点を変えてみたり、豊かな発想が広がります。

水の入ったペットボトルを顔から離したり近づけたりすると、鼻がぐにゃっと曲がって見える。

3・4・5歳 ウォータースライダーごっこ ★★

8月 水

透明な水の動きは子どもたちにとってはなかなかとらえにくいもの。しかし光や草花の力を借りることで、水の揺らめきや流れをとらえ、美しさをより楽しむことができます。

準備するもの
- 透明なビニールシート 2枚（薄めのテーブルクロスが便利）
- 水　●花びら　●絵の具
- 和紙やキッチンペーパー　●竹

保育者の準備
- 竹を半分に割り、中の節を削り取っておく。
- 1枚のビニールシートに数か所穴を開けておく。
- 和紙やキッチンペーパーに絵の具をつけておく。

導入　大きな透明シートで水を持つ

透明の大きなシートを、みんなで広げて持つ。そのシートの真ん中に、少しずつ水を入れていく。

だれかが動くと水が動き、こぼれそうになる。

展開POINT!
気を抜くとあっという間に、水がこぼれ落ちてしまうので、みんな真剣にシートを持ちます。みんなの力を合わせて、水の動きをコントロールしましょう。

活動1　シートの水に花びらを浮かべる

保育者がシートの水の上に、季節の花びらを浮かべる。花びらが流れ動く様子を楽しむ。

環境POINT!
花びらはその時期に合った季節の花を使うとよいでしょう。夏ならヒマワリやアサガオなど、いつもと違う花びらの様子を見ることができます。

シートを保育者が持ち、子どもはシートの下に。水の動きに合わせて花びらが流れ動き、きらきらと輝きます。

活動 2　シートに水をそそぐ

穴を開けたシートを保育者がしっかり持って立ち、シートを広げる。シートの上からホースの水をそそぐ。絵の具をつけておいた和紙やキッチンペーパーで受け止めてあそぶ。

展開POINT!
受け止めた水が絵の具と混ざり合って、すてきな色紙に変身していきます。またビニールシートに絵の具をぬっておくのもよいでしょう。カラフルな色水が穴から落ちてきます。

できた色紙は乾かしておけば、別のあそびでもまた活用できる。

活動 3　竹のスライダーコース

竹を数本つなげ、ゆるやかな斜面をつけて置き、ホースやじょうろで水を流す。ゴールには、たらいを置いておく。

展開POINT!
草花や木の実、小石を水と一緒に流してみると、浮かぶものと沈むものがあることに気づきます。同じ木の実でなぜ浮くものと沈むものがあるのか、関心が高まります。

竹は数本をつないでいくと長いスライダーに。難しい場合は1本を階段の低い段に立てかけても。

子どもたちは自分の好きなものを流したり、流したものを手で受け止めたり、あそびの幅を広げていく。

0・1・2歳 乳児の 水と花びらと

8月 水

　水に季節の花の花びらを浮かべてみるだけで、自然の美しいものに出会わせてあげることができます。天気のよい晴れた日に行うと、太陽の光を浴びて、水と花びらがきらきらと光り輝いて見えるでしょう。

準備するもの
- たらい　● 水　● 葉っぱや花びらいろいろ
- 絵の具

保育者の準備
- たらいに水を張っておく。

導入　花びらゆらゆら

おはなさん ゆーらゆーらゆれてるね

水を張ったらいに、季節の花の花びらを浮かべてみる。

たらいの端からホースで水を流すと、たらいに流れが生まれ、さらに複雑な動きになる。

環境 POINT!
　外であそぶと、光と水の流れ、花の色が折り重なり、とてもきれい。また、子どもがスプーンで花びらをすくうのも盛り上がるあそびです。

活動1　花びらでお絵かき

花びらに水を少しつけて、窓ガラスにはっていく。

散った花びらをはり合わせれば、窓ガラスにきれいなお花が咲く。

花びらをはったら周りに絵の具でお絵かきしても。

展開 POINT!
　絵の具を指につけ、はったお花の周りにお絵かきすれば、窓ガラスが即席パレットに。園庭の花をあそびに変えて、子どもの心に近づけていきます。

51

9月 テーマ 砂

外あそびに出たら砂であそばない子どもはいないほど、子どもたちは砂あそびが大好きです。自在に変化する砂は、子どもたちの多様な思いを受け止め、手のひらの感覚を高めます。掘る、積む、ぬらす、型を取るなど、砂でできるあそびはたくさん。子どもの興味が今、どこに向いているかを見ながら、子どもの発想を伸ばすあそびを提案していきましょう。

年齢ごとの子どもの姿

0歳 砂にさわったことのない子どももいるため、砂の感触に慣れることから始めます。

1歳 2歳 コップに砂を入れたり出したりといった単純な繰り返しを楽しみます。最初に保育者がやって見せることがきっかけになる場合も。

3歳 4歳 5歳 砂で山を作ったり、砂地にじょうろで水をまいて絵をかいたり、砂を用いて絵をかいたりとあそびに広がりが出てきます。身近なあそびだけに、あそび方に子どもの個性も見えてきます。

📣 子どもへの声かけ

子どもが自分で見つけた好きなことを、あそびこむまで見守って。時には、さらにあそびの幅を広げたり、発展させたりするようにアドバイスすれば、発想は大きく伸びていきます。

- たくさん掘ったから、大きい山ができたね。この穴はどうしようか？
- ここに水を流すとどうなるかな？
- （砂をさらさら落としながら）手のひらを広げてみて。ほら、さらさらの砂が流れるよ！

❤ ねらい

● 容器に砂を入れることから、型を取るあそびに発展したり、ただ砂を積むことから山や川作りが始まったりと、あそびを発展させる発想や工夫が育ちます。
● 水と混ぜたり、ふるいにかけたりといった工夫で砂がどうなるか試すなど、あそびの中に、理科の実験のようなおもしろさがあることに気づきます。

🫙 長く楽しむために

● できれば、砂場で大きなものを作ったら、お迎えの時間までとっておき、保護者に見せるとよいでしょう。そのとき、熱中して作っていた子どもの様子を保護者に伝えましょう。自分で作ったものを保護者から認めてもらえたとき、子どもの心に楽しさや達成感が残ります。さらに親子の会話も弾むでしょう。
● 画用紙にかいた砂絵は、スプレーのりで、コーティングするとよいでしょう。

⚠ 注意

● 砂場を使わないときにはネットをかけておくなど、砂の衛生管理を徹底します。
● 砂あそびの際には、「人に砂をかけないこと」「周りをよく見ること」を約束します。それでも、あそびに夢中になると掘った砂を放ってしまい、周りの子どもにかかるなどのトラブルが起こりがち。目や口に入ったらすぐに流水で洗うなどの応急手当てを知っておくのも重要です。
● 乳児は、誤飲に注意して見守りましょう。

砂はどうやってできるの？

①砂のもとの姿は、大きな岩。岩は噴き出たマグマや、土や小石が固まってできる。

②岩に雨や風が当たり少しずつ崩れる。また、海や川に流され、ほかの石などに当たり砕ける。

③②を何度も繰り返して、細かくなったものが砂になる。

3・4・5歳 砂絵あそび ★★

9月 砂

お絵かきといえば紙やペンですが、ここでは子どもたちの大好きな砂場の砂を使って絵をかきましょう。絵をかくことが苦手な子どもも、模範の形や正解のない砂絵あそびを通して、かくことのおもしろさを感じ取ります。

準備するもの
- 砂場の砂
- ふるい
- ボウルなどの容器
- 画用紙（色画用紙）
- スティックのり
- 模造紙

保育者の準備
- 特になし

導入　さらさらの砂を作ってみよう

砂場の砂をふるいにかけ、ボウルなどにさらさらの砂を集める。ふるいに残った砂粒は別の容器に分ける。

分けた砂にそれぞれさわってみて、感触を確かめる。

環境POINT!
ほとんどの園庭にある砂場。その砂はすべて同じものに見えがちですが、ふるいで分けてみると粒の大きさや手ざわりに違いがあることに気づきます。

活動1　砂で、いないいないばあ！

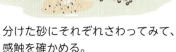

「せんせい、なにをかいているのかなぁ？」子どもたちに画用紙が見えるようにかくと、わくわくが高まる。

画用紙に、透明なスティックのりで、保育者が歌をうたいながら絵をかく。

かけたらさらさらの砂を、画用紙の上に振りかける。振りかけた砂をはらうと、かいた絵が浮かび上がる。

砂は一気にはらうのがポイント。何もなかったはずの紙に絵が浮き出ると子どもたちは大はしゃぎ。

活動2 砂絵にチャレンジ！

子どもたちにスティックのりと画用紙、砂を渡し、自由に砂絵を作る。

展開POINT!
透明なのりでかくのが難しい場合は、時間が経つと透明になるタイプの色つきのりを使ってもよいでしょう。

絵がぱっと現れるおもしろさから、子どもたちが主体的にやりたがる姿が続く。たくさん作品が作れるよう、材料は多めに用意しておこう。

活動3 大きな砂絵をかこう

グループに分かれ、みんなで模造紙に自由に絵をかく。

展開POINT!
最後にふるいに残った砂粒も、ボンドと合わせて制作に用いれば、また違った質感の絵をかくことができるでしょう。

みんなで自由にかいた作品を、グループごとに発表したあと、保育室の中に飾っておこう。

やってみよう！ 色砂マジック

色がついた「色砂」をワンポイントで使うと、子どもたちは関心を深めます。例えば、右の写真のように誕生日ケーキの砂絵を作ったあと、ろうそくの炎をスティックのりでかきます。そのあと「お誕生日おめでとう！」などのかけ声で赤い色砂をかけると、まるで火がついたような華やかさに。色砂は100円ショップなどでも購入できます。

マッチをこするしぐさをして赤い色砂を紙にかけると、ろうそくに火がついたようになる。

3・4・5歳 砂時計 ★

9月 砂

砂場の砂を手にして、手からさらさらこぼれ落ちる砂の様子を、子どもたちはあそびの中でじっと見ています。そんな子どもの興味をあそびに取り入れましょう。

準備するもの
- 砂時計
- 厚画用紙またはクリアファイル
- はさみ
- ペットボトル（小）2個
- ビニールテープ

保育者の準備
厚画用紙またはクリアファイルをペットボトルの口に合わせて切り取り、真ん中に穴を開けてストッパーを作る。穴の数や大きさを少しずつ変えたものを用意しておく。完成品を1つ用意しておくと子どもたちにも分かりやすい。

導入　砂時計ってなあに？

子どもたちに砂時計を見せ、何をする道具か当てっこする。

砂時計と時計を見比べ、決まった時間で砂が落ちることを確かめる。

環境POINT!
自然素材を利用して時間を知る砂時間。子どもたちの中には砂時計を知らない子も多いため、どんな道具か紹介するところからあそびへの興味を深めましょう。園庭や公園の砂とは違った砂の使い方を知る機会にもなります。

活動1　砂のシャワーを作る

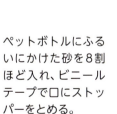

ペットボトルにふるいにかけた砂を8割ほど入れ、ビニールテープで口にストッパーをとめる。

ペットボトルを逆さにして砂を落としてあそぶ。ストッパーを変え、砂の落ち方を比べてみる。

乳酸菌飲料などの小さなペットボトルを用意すると子どもの手にもなじみやすい。

展開POINT!
子どもたちがあそびになじんできたら、ストッパーの穴は自分たちで開けるように促してもよいでしょう。まずは、事前に切りこみを入れておいて、子ども自身で穴を広げるように声をかけ、さらには自分たちで好みの穴を開けるように誘導すると、工夫する楽しさを味わえます。

活動2 砂時計を作ろう

ストッパーを、砂を入れたペットボトルと空のペットボトルの間に挟み、ビニールテープで巻いて固定する。

砂を落としてあそぶ。ペットボトルにイラストをかいたり、シールをはったりすると愛着がわく。

子どもにペットボトルを押さえてもらい、保育者がテープを巻くとしっかり固定できる。

展開POINT!

色砂を2、3種類用意して、ペットボトルの中に順番に入れて色の砂の層を作ると、違う味わいに。砂を落としたときに色が混ざり合う様子も、ストッパーの穴の大きさや位置などによって違うので子どもたちは興味深く観察するはず。

活動3 砂落としレース

砂が落ちるのがいちばん遅い子(または速い子)はだれか、スピードの違いを楽しむ。

砂が落ちるのを見守る子どもたち。集中してあそぶ姿が見られる。

やってみよう! 砂時計でおかたづけレース

1Lまたは2Lのペットボトルで大きな砂時計を作ります。日々の保育の中で、「この砂時計の砂が落ちるまでにおかたづけしよう! どっちが速いかな?」など、保育者の声かけに使ってみましょう。すると、いつもはやる気が起きにくいおかたづけも、あそびの1つとして進んで行うようになります。

56

0・1・2歳 乳児の 小石くんのかくれんぼ

9月 砂

乳児も大好きな「さらさら砂作り」。網目に吸いこまれるような砂の様子に、多くの子どもの目は釘づけになるはず。さらに「宝探し」の要素を入れると、子どもたちはもっと夢中になります。

準備するもの
- 油性ペン
- 小石
- バケツ
- 砂
- スコップ
- ふるい

保育者の準備
- ふるいに通らないくらいの小石にペンで顔をかき、「小石くん」を作る。

活動1 小石くんを隠す

子どもの前に砂を少し入れたバケツを用意する。顔をかいた小石を子どもたちに見せる。

小石をバケツに入れて、スコップで砂をかける。このときに「もういいかい？」「まあだだよ」などのかけ声を交わす。

活動2 小石くんを探す

バケツに砂を十分に入れたらふるいにかける。保育者が手伝ったり、2人1組になって、1人が砂をふるいに入れ、もう1人が砂をふるう、などと手分けして探してもよい。

活動3 小石くんを見つける

小石が出てきたら、「小石くんもうれしそうだね」などと声をかける。

展開POINT!

小石にいろいろな表情をつけて、「にこにこちゃん」「びっくりくん」などと複数の石を作って隠し「全員見つけられる？」としてもいいでしょう。また、小石にカラーペンで色をぬり、宝石に見立てて「宝石探し」と設定しても盛り上がります。

3・4・5歳 砂の生き物

砂に水やのりを混ぜてかためて、いろいろな生き物を作りましょう。粘土とは違う、砂の質感が楽しめます。完成したら、砂場に隠して、カモフラージュとしてかくれんぼごっこを楽しみましょう。

準備するもの
- 砂
- 洗濯のり2種（ゲル状のもの、液状のもの）
- 水
- ボウル
- バケツ
- 目玉シール（手芸用）
- 石、葉っぱ、木の実など

保育者の準備
- どのくらいの水やのりを砂に混ぜたら子どもたちの造形あそびにちょうどよいかを教材研究しておく。

導入　砂をかためるには？

「砂はどうやったらかたまるかな？」と子どもたちに問いかける。

砂に水をかけて状態が変わる様子を見せる。指で少しさわらせてもよい。

環境POINT!
砂が変化する様子を手でさわって感じられるのも砂あそびの醍醐味。子どもたちがさわっているとき、「どんな具合？」などと尋ねてみましょう。「さらさら」「ざくざく」など子どもたちが思い思いに感じる言葉を聞くのも楽しいものです。

活動1　バケツに砂を入れる

大きめのボウルに砂を入れ、水を少しずつ加える。粘土くらいのかたさにするのが目安。

砂を3、4回に分けてバケツに移す。その都度バケツをトントンとたたき、砂の密度を高くするのがポイント。

活動2　バケツをひっくり返す

平らなところでバケツをひっくり返す。素早くひっくり返すのがコツ。そっとバケツを持ち上げる。

展開POINT!
5〜6歳の子どもだったら、みんなで協力し合って、大きなバケツでチャレンジするのもいいでしょう。ひっくり返すときが大変ですが、協力し合って1つの作品を作る楽しみも味わえます。一方、まだあそび慣れていない3歳くらいならば、ゼリーなどの小さな空き容器を使ってもOK。

活動3 バケツモンスターを作ろう

目玉シール、石、葉っぱなどで飾る。

さらに砂を入れたカップをひっくり返して帽子にしたり、木の実などで飾ったりなど、いろいろなバリエーションができる。

9月 砂

活動4 砂の生き物を作ろう

砂の入ったバケツに、洗濯のり2種を混ぜたものを入れてよく混ぜる。

ちょうどよいかたさになったら、好きな生き物を作る。

砂だけではなく、木の実や草の実、小枝、落ち葉なども素材として加えると、いろいろな砂の生き物が生まれる。

やってみよう！ 顕微鏡で砂ウォッチ

砂への関心が深まったら砂を顕微鏡で見てみましょう。ふるいにかけて大きい粒と小さい砂に分けるのもおすすめ。細かいでこぼこがあったり、きらきらと透明な結晶が含まれていたり。見方を変えることで、今まで感じていた印象ががらっと変わります。

目の粗さの違うふるいで砂を分け、異なる大きさの砂の様子を観察。

10月 テーマ 石

お気に入りの小石を拾ってポケットに忍ばせている子どもはたくさんいます。形や色、手ざわりなど、1つ1つの石の表情や質感にひかれるのかもしれません。石があると転ぶもとになるとか誤飲の危険があるからと、園庭の小石を取り除くなどして、石を子どもから遠ざけがちですが、あそびの素材としてしっかり向き合うことで、思わぬ発見やあそびにつながります。

年齢ごとの子どもの姿

0歳 保育者が石を持って軽くたたき合わせると、その音を楽しむ姿が見られます。

1歳 2歳 石を集めて積み上げたり、おままごとの素材としてあそんだりするほか、石の形や色を見て、お気に入りの石を決めたりします。

3歳 4歳 5歳 形を動物などに見立てたり、色をぬってあそんだり、きれいな石を集めて「宝石屋さん」ごっこをしたりと、石の特徴を生かしてあそぶなど、楽しみ方のバリエーションが増えます。

📣 子どもへの声かけ

石にいろいろな色や形、手ざわりなどがあることに気づきます。置かれた環境によっても、石の温度が変化します。いろいろな視点から石を見るように伝えましょう。

- この石はつるつるしているね。こっちはどうかな？
- ひんやり冷たいね。でもずっと握っているとあったかくなったね。
- 大きい順に並べてみよう。丸い石、四角い石に分けてみよう。

♥ ねらい

- 「ただの石ころ」を「あそび道具」や「宝物」に変える、子どもの目や発想を大切にしましょう。
- 子どもがお気に入りの石を見つけたら、その石の特徴を一緒に確認したり、どんなところが気に入ったのかを聞いて共感したりして、気持ちや感じたことを言葉にするきっかけとします。

長く楽しむために

- ペインティングした石や、見立てあそびをしたときは、タイトルなどを添えて保育室に飾ります。
- お気に入りの石を見つけた場合は、ポケットに入れずにロッカーや靴箱などに保管するよう子どもに伝えましょう。
- 保育室に、「石ころBOX」を設けて、見つけてきた石を、みんなで集めておくと、保育教材として楽しく活用できます。

⚠ 注意

- 外出先で拾った石は、きれいに見えても目に見えない汚れや塩分がついています。作業の前に一度水で洗って乾かしましょう。
- 河原などで石であそんだあとは、もとどおりに戻しておきましょう。拾って持ち帰る場合は最小限にとどめましょう（採取禁止の場所でないか確認しましょう）。
- 石はかたい素材です。人やものに向かって投げるとけがをさせたり壊したりすることがあります。「石は人やものに向かって投げない」とルールをしっかり約束しておきましょう。

いろいろな石

石灰岩 → セメントの材料になって、道路や建物に。

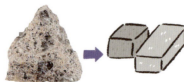
花崗岩（かこうがん） → 石材や墓石に。

大理石 → 彫刻や柱に。

石ころあそび

3・4・5歳

10月 石

石は、みなひとつで1つとして同じ形がありません。子どもが手にふれ、握り、積んだり並べたりしながら、石のかたさや色、手ざわり、重さ、大きさなどを、五感を通して出会わせてあげることができます。

準備するもの
- 絵本『ころん ごろん いしっころ』（P.123参照）
- 石（色、形、大きさ、感触などが異なるさまざまなものを選ぶとおもしろい）

保育者の準備
- 特になし

導入　絵本『ころん ごろん いしっころ』の読み聞かせ

「このいし まるくてきれい！」

保育室の床にたくさんの石を無造作に置く。子どもたちが石をどうするのかを見守る。

「同じ色の石はどれかな？ 同じ形の石はどれかな？」

目の前の石に興味をもったら、絵本を読み、さらに興味をふくらませる。

環境POINT!
子どもたちはいろんな石を手にしては自分の気に入る石を選び始めます。そして両手で1つずつ石を選んで持つと、どの子も、カチカチと音を立てて石同士を軽くたたき始めます。

活動1　石積みあそび

子どもたちがそれぞれ石に十分になじんできたら、グループで力を合わせて、できるだけ高く積んでみる。

1人ずつであそんでいる様子。縦に1つずつ積んだり、山のように積んだり。1人1人の個性が現れる。

環境POINT!
既製のブロックなどとは違い、みんな違う形でいびつな石なので、なかなか思うように積めません。そっと置いてもすぐ崩れてしまいますが、それでもあきらめずに集中する姿が生まれてきます。

活動2 石ころ並べ

同じ色や形、大きい順、丸い順など、条件を決めて、石を並べてみる。

「こっちはざらざらのいし！」手ざわり、色、形など五感を使ったグループ分けをするとあそびがより楽しくなる。

展開POINT!

小石を分けているうちに、意外と重い石や、思っていた質感と違う石があることに気づきます。見た目だけで判断するのではなく、重さや手ざわりなどいろいろな視点をもつと、ものの見え方や感じ方が変わることをあそびを通して感じられます。

活動3 小石の線路で電車ごっこ

小石を並べて線路を作り、電車ごっこをする。線路はぐにゃぐにゃと曲げたり、分かれ道を作ったりすると楽しい。

「出発進行！」線路が細いところにさしかかると、崩さないようそろりそろりと進む子どもたち。

やってみよう！ 数字や記号作り

保育室の中で数字や記号を見つけ、同じ形に石を並べてあそびましょう。まずはグループで作り、慣れてきたら1人でチャレンジ。完成したら、保育者がカードにその数字や形をかいて、石と並べて「同じ形だね」などと声をかけます。あそびを通じて自然と数字や記号に親しむことができます。

数字（左）やハート（右）。仕上げに同じものを書いたカードを並べて。

3・4・5歳 宝石屋さんごっこ ★★

10月 石

石を集めたら、今度はカラフルにぬってみましょう。素朴な素材だった石が、色とりどりのきらきら光る宝石に大変身します。たくさん作ったら宝石屋さんのオープンです！

準備するもの
- 石いろいろ ●絵の具
- ラメ入りののり（あれば） ●筆
- 毛糸 ●テープ

保育者の準備
- 特になし

活動1 石ころ宝石を作る

石に絵の具をぬる。水に溶かずに使うと発色がよい。あればラメ入りののりをつける。

色をつけた石に毛糸などのひもをテープでつけて、アクセサリーにしてもかわいい。

活動2 宝石屋さんオープン！

作った宝石をディスプレイしたら宝石屋さんオープン！ 丸太やかごを使っても楽しい。

宝石を選ぶまなざしは、どの子も真剣そのもの。「どれにしようかな……」

やってみよう！ 森の商店街

P.74の森のキッチンコーナーで作った料理や、P.77の木の実のケーキを使って、商店街を作ってあそびましょう。それぞれのお店で看板を出し、店員さんとお客さんに分かれてお互いの品物を売ったり買ったりします。宝石屋さんはいつも不思議と大盛況になるんですよ。

まるで本物のような商店街の看板。マツボックリの人形を売るお店も。

石ころ文字あそび

3・4・5歳

たくさん石とふれあったら、今度は、石ころ文字であそんでみましょう。紙に上手に文字を書くのではなく、石に自分の名前を1文字1文字書くことで、いつもとは違った文字への関心が生まれてくるでしょう。

準備するもの
- 石いろいろ
- 油性カラーペン
- 画用紙

保育者の準備
- 保育者自身の名前の文字を、石1つにつき1文字書く。石を並べたら、保育者の名前となるようにしておく。

導入　石ころで自己紹介

保育者が、自身の名前を書いた石を、子どもたちの前に1つずつ並べて「これはだれの名前かな？」などと声をかける。

「わたしは○○という名前です。」

「みんなも似顔絵をかいて、自分の名前の石ころを置いてみましょう！」

画用紙に自分の似顔絵をかく。かけたら画用紙に名前を書いた石を並べて見せ、自己紹介をする。

活動1　石ころ文字を作る

自分の名前がひらがなで何文字かを数え、同じ数の石を選んで持ってくる。

自分が選んだ石を1列に並べ、自分の名前をひらがなで1文字ずつ石に書く。

「これにするよ！」お気に入りの石を自分で選ぶことで愛着がわく。

展開POINT!

文字が書けない子は、保育者から教えてもらいます。書き順や間違い文字を正さずに、自分で気に入った石に絵をかくように、自分の名前の文字を書く楽しさを大切にしましょう。

活動2 自己紹介カード完成！

画用紙に、自分の似顔絵をかき、名前を書いた石を並べたら完成。

最後は、全員の紹介シートを保育室の床いっぱいに広げる。

文字を上手に書くことが目的ではありません。紙にではなく、石に文字を書いてみることのわくわく感を楽しみましょう。

10月 石

活動3 どんな言葉ができる？

全員の石ころ文字を集めて、そこからどんな言葉が生まれるのかを、考えて並べてみる。

「は」がおんなじだね！

自分の名前にある文字とお友だちの名前の文字で同じものを集めてあそぶ。

名前の中に隠れた言葉を見つけたら、器に集め、ほかの子になんの言葉が隠れているか、当ててもらうのもおもしろい。

展開POINT!
石ころに書いた文字を並べ替えて、いろんな言葉を見つけるだけでも楽しいあそびになります。文字の組み合わせを考えることで、想像力や1つ1つのものがもつ名前に対する興味が深まっていくでしょう。

石ころごっつんこ

3・4・5歳

子どもたちに石を見せると、なぜか両手に1つずつ石を握ります。そして「カチカチ」と、両手に持った石をかるくたたき合わせ始めるのです。それだけで、子どもたちは好奇心いっぱいに満たされた表情になっていきます。

準備するもの
- 石いろいろ

保育者の準備
- 特になし

活動1 石ころごっつんこ

2つの石をぶつけ合い、音を鳴らしてみる。

今度はすりつぶすように、石同士をこすり合わせ、ぶつけたときとの音の違いを聞く。

環境POINT!
同じ石でも形や大きさ、質感などはそれぞれ違い、かるくたたき合わせたときの音も千差万別。また、こすり合わせ方によっても変わる音の違いを味わいましょう。

活動2 石ころ相撲

両手に1つずつ石を持ち、こすり合わせる。傷がついた石を負けとして、別の石と取り替える。

いちばんかたい石を見つけたら、お友だちとどちらの石がかたいか石ころ相撲をする。

声かけPOINT!
石はかるくこすり合わせることを「お約束」として伝えましょう。激しくぶつけ合うと、破片が飛んだり指を挟んだりして、けがをすることがあります。

3・4・5歳 石ころアート ✦✦

石の不思議な形は、子どもたちの感性をくすぐります。シールをはるだけ、色をぬるだけでも、子どもたちの目は輝きます。

準備するもの
- 石いろいろ
- カラーテープ
- 丸シール
- 絵の具
- 筆
- チョーク
- コピー用紙

保育者の準備
- 特になし

10月 石

活動1 シールやテープをはる

石に丸シールやテープをはり、生き物などに見立ててあそぶ。

「そっくりにできたよ!」テープとシールだけで自分の顔を作る子も。シンプルな材料で、大人もびっくりするようなでき栄えの作品を作る子どもたち。

活動2 絵の具やチョークでぬる

石に絵の具やチョークで自由に色をつける。

完成したらコピー用紙に作品名を書き入れて並べ、お互いの作品を見てみよう。

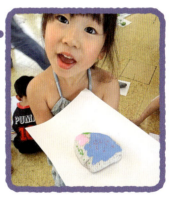

あまり目立たない色の石も、色をつけるとぱっと華やかになり、子どもたちの好奇心を引き出す。

環境POINT!
画用紙やスケッチブックと違い、石にはさまざまな形があり、表面はでこぼこしています。最初は思ったように色がぬれないことに戸惑うかもしれません。しかし、慣れてくると子どもたちは形や質感を生かした作品を作り始めます。

11月 テーマ 落ち葉

秋になるときれいに色づいた落ち葉に出会います。見つけたときに拾い集めておくと保育に役立つ教材になります。季節の移ろいを五感で感じながら、落葉樹と常緑樹の違いや木々の命の移ろいにも気づくようになります。たくさん集めれば、子どもたちとダイナミックなあそびを楽しむことができます。

年齢ごとの子どもの姿

0歳 最初はふれることから始めます。カサカサした音やふんわりした感触も楽しめます。

1歳／2歳 植物の種類によって色や形が違うことに目が向くようになり、楽しみ方にバリエーションが出てきます。

3歳／4歳／5歳 紅葉を毎年のこととして楽しむ姿が出てきます。木の名前や、植物によって紅葉の時期が異なることも覚えたりと、自然によりなじみ親しむようになります。

子どもへの声かけ

植物の種類や特性のおもしろさ、多様さに気づくようになります。子どもの興味を引き出せるように、保育者自身が子どもの興味に寄り添い、楽しむ姿を伝えましょう。

- きれいな葉っぱがたくさん！同じ色の葉っぱを集めてみよう。
- この木は葉っぱが緑のままだね。落ち葉にならないのかな？
- 落ち葉をお日様に透かしてみよう！何色に見えるかな？

♥ねらい

- まずは、秋になって色づく落ち葉の美しさに気づく感性をあそびの中で育てましょう。落ち葉そのものをよく観察し、植物の種類などを見分けるきっかけにします。
- 色や形の違いといった葉っぱの造形を楽しむことから、光に透かして葉脈を観察したり、製作に取り入れたりなどの活動につなげます。
- 製作が苦手な子どもには紙に落ち葉をはるあそびを。正解がないので、上手・下手を気にせずに集中して取り組むことができます。

長く楽しむために

- 落ち葉の保存は、新聞紙や厚めの雑誌の間に、1枚1枚葉っぱが重ならないように挟んで押し葉にします。色も意外と変色しにくく保存できます。
- 落ち葉の作品は、カラーコピーにして保存するのもよいでしょう。

⚠注意

- 拾った落ち葉は裏に虫がついている場合があります。製作に使うときは取り除きましょう。
- 落ち葉のお風呂に入ったり、落ち葉を舞い上げるあそびでは、できるだけ顔にかからないように注意を促しましょう。
- 落ち葉の掃き掃除も子どもと一緒に行って、集めた落ち葉をためておく場所を作るとよいですね。

このころ見られる紅葉

イロハモミジ

トウカエデ

イチョウ

ソメイヨシノ

カツラ

コナラ

3・4・5歳 落ち葉の魚釣り

11月 落ち葉

落ち葉1枚1枚をうろこに見立てて魚を作り、お魚釣りごっこを楽しみます。釣った魚を生かして保育室を森の水族館にしたり、絵本を作ったり。自由で多様な保育の展開を楽しみましょう。

準備するもの
- 絵本『きんぎょが にげた』(P.124参照)
- 落ち葉いろいろ ● 色画用紙 ● 両面テープ
- クリップ ● テープ ● はさみ ● たこ糸
- 磁石 ● 小枝 ● クレヨン ● 模造紙

保育者の準備
- 色画用紙と落ち葉のうろこで金魚を作り、室内に隠しておく。
- 模造紙に大きな魚の絵をかいて、切り抜く。
- 事前に子どもたちに魚の絵を色画用紙にかいてもらい、切り抜いておく。

導入　絵本『きんぎょが にげた』の読み聞かせ

『きんぎょが にげた』の読み聞かせのあと、「あっ、金魚がどこかに逃げちゃった〜。探してみよう！」と呼びかける。

隠れている金魚を探す。「金魚さん、友だちがほしいみたい。みんなで作ってあげよう！」

環境POINT!
活動を行う場所は、公園でも室内でもよい。公園の場合は、事前にみんなで作った魚を持っていき、その場で落ち葉をはる。室内なら、散歩で拾ってきた落ち葉を使おう。

活動1　小枝でお魚釣りごっこ

●魚を作る
落ち葉のうろこを両面テープではりつける。口の部分にクリップをテープでとめる。

その場で色画用紙に思い思いの形の魚をかいて切り抜いてもOK。

●魚釣りをする
小枝にたこ糸を結び、糸の先に磁石をつけた釣りざおで、自分や友だちの魚を釣ってあそぶ。

「真ん中の魚が釣れない。さあ、どうしよう!?」みんなで考え、つり橋や浮き島を作ると楽しい。

活動2　大きな魚が登場

大きな魚に落ち葉で飾りつけをして、大きなクリップを周りにテープではりつける。

個人プレーのあとは、チームプレーで最後まであそびこんで。保育者の合図でいっせいに釣り上げると、思わず歓声が上がる。

展開POINT!

釣った魚のそのあとのあそびは、子どもたちが自然に展開し始める。魚屋さんごっこに発展したり、料理ごっこで焼いたりさばいたり。日常生活や経験とあそびがつながり、生き生きと集中してあそぶ姿が生まれる。

活動3　森の水族館出現！

みんなの魚と、最後に釣り上げた大きな魚を模造紙にはって、保育室に飾る。

安全ピンでとめたり、テグスなどの透明の糸でつるしたりして、カーテンに泳がせても。

やってみよう！　落ち葉の魚絵本

自分で作った落ち葉の魚を、大きな画用紙に自由にはりつけよう。魚に名前をつけて、子どもたちの思いのままに、その主人公があそぶ世界をクレヨンでかく場を設ける。1人1人に寄り添い、その絵の世界の思いを聞き出すと、子どもたちは、絵本のようにストーリーを語り出す。

豊かな子どもの世界が1匹の魚から広がっていく。

0・1・2歳 乳児の魚釣りあそび

11月 落ち葉

乳児が色とりどりの落ち葉を間近に目にしたり、ふれたりできるあそびです。散歩中に拾った落ち葉を保育室に持ちこめば、室内でも秋の訪れを楽しめますね。持ちこむ際には、裏に虫がついていないかを確認しましょう。

準備するもの
- 落ち葉いろいろ ● ビニールシート ● 色画用紙
- 両面テープ ● クリップ ● テープ ● はさみ
- 空き容器 ● たこ糸 ● 磁石

保育者の準備
- ビニールシートに落ち葉を並べておく。
- 色画用紙を魚の形に切り抜いて台紙を作る。うろこの部分には両面テープをつけ、口の部分にはクリップをつけ、テープでとめる。そのうち1枚は両面テープをはがし、落ち葉をはりつけ、シートに隠しておく。

導入　電車にのって森に出発！

保育者が落ち葉を1枚1枚手にして、子どもたちに見せたりさわらせたりする。赤い葉っぱは赤い画用紙、黄色なら黄色い画用紙の上に並べてみる。

保育者が釣りざおを垂らすと、葉っぱでおしゃれしたお魚が登場。「1匹では、お魚さんさびしそう。お友だちを作ってあげようね」の声かけで、お魚作りへ。

活動1　お魚作り

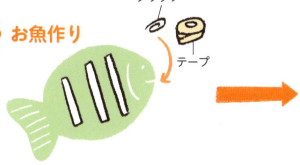

準備しておいたお魚の台紙を配り、うろこに子どもが選んだ好きな葉っぱを一緒にはっていく。

活動2　お魚釣りごっこ

空き容器にたこ糸を巻き、先に磁石をつけ、釣りざおにする。

作ったお魚をシートの池に泳がせ、1人1人釣りざおを持って、釣りを楽しむ。お魚の台紙はカニやタコ、イカなど、楽しい形のものをたくさん用意しておくとよい。

71

3・4・5歳 落ち葉のファッションショー

紅葉の季節には、きれいな落ち葉を拾い集めて、おしゃれに着飾ってみましょう。帽子にベスト。ワンピースに、ブレスレットやネックレス。すてきな衣装を身につけたら、ファッションショーのスタートです！

準備するもの
- 落ち葉いろいろ
- カラーポリ袋
- はさみ
- 両面テープ
- 麻ひも（なければビニールひもや毛糸）
- 穴開けパンチ

保育者の準備
- 保育者が身につけるための落ち葉の洋服やアクセサリーを作っておく。

活動 1　衣装の土台を作る

保育者が落ち葉で作った衣装を着て登場し、子どもたちの間を1周する。

ポリ袋の底を赤線のように切り、頭を通せるようにする。緑線の部分も切り、腕を通す穴を作る。

環境 POINT!
衣装として見せることで、いつも着ている服に負けないような落ち葉の鮮やかな色合いに気づきます。また、子どもたちの「つくってみたい！」という思いを高めます。

活動 2　落ち葉の衣装作り

園庭に出て、衣装を着用し両面テープの外側をはがしながら落ち葉をはる。手が届かないところは保育者が手伝う。

穴開けパンチで穴を開けた落ち葉に、麻ひもなどを通せば、ネックレスに。

落ち葉にひもを通して、ネックレスと同じように足や頭に巻いて飾りにする子どもも。

展開 POINT!
製作時は作る衣装ごとにいくつかのコーナーに分かれるとよいでしょう。作ってみたいものを自分で選んでいくことで、子どもの主体的な製作あそびとなります。また、決まったものだけを作るのではなく、子どもたちのアイデアでさまざまな衣装に広げていくとよいでしょう。

0・1・2歳 乳児の 落ち葉のお風呂

11月 落ち葉

落ち葉がたくさんたまったら、掃いて捨てるのではなく、段ボール箱に集めると落ち葉のお風呂になります。子どもたちが大好きなふかふかの感触を楽しめます。

準備するもの
- 落ち葉たくさん（乾いた茶色い落ち葉と落ちたばかりの落ち葉があるとよい）
- シート
- 子どもが入る大きさの段ボール箱

保育者の準備
- 特になし

導入　落ち葉にさわってみる

シートに集めておいた落ち葉を広げる。さわったり、ちぎったりして色や感触を楽しむ。

落ちたばかりの落ち葉と乾いた落ち葉をさわって比べてみる。手ざわりやにおい、こすり合わせたときの音の違いなどに注目してみるとよい。

環境POINT!
落ちたばかりの葉と、落ちてから日の経った葉っぱでは同じ種類でも色も質感も変わります。外あそびの際に集めておき、日々の変化を見てみるのもよいでしょう。

活動1　落ち葉のお風呂

落ち葉を段ボール箱に入れ、中に入ってあそぶ。

「葉っぱシャワーだよ！」落ち葉をすくって上からかけてあげると子どもたちは大はしゃぎ！

環境POINT!
落ち葉のお風呂は子どもたちが大好きなあそびの1つ。ふかふかの葉っぱの感触を全身で味わえます。保育者は段ボール箱がひっくり返って子どもたちがけがをしないように、箱をしっかり支えておきましょう。

3・4・5歳 森のキッチンコーナー

保育室のままごとあそびを園庭に持ち出します。多様な自然素材を食材として見立てながら、ままごとあそびを深めます。自然の素材を種類ごとに分類して容器に分けて置くことで、分類あそびにもつながります。

準備するもの
- 絵本『ぐりとぐら』(P.124参照)
- 木の実、草の実、葉っぱ、砂、小枝などの自然物
- 鍋、フライパン、まな板やおもちゃの包丁などの調理器具
- 皿、カップ、トレーなどの食器

保育者の準備
- 準備した道具を園庭の一角に置き、キッチンコーナーを設置する。テーブルなど、作業台となるものがあるとなおよい。

導入　絵本『ぐりとぐら』の読み聞かせ

『ぐりとぐら』の読み聞かせのあと、「森の食材でお料理をしましょう！」と誘う。

キッチンコーナーへ移動する。フェンスに調理器具をかけたり、いすで調理台を作ると、本格的なキッチンに。

活動1　料理の下ごしらえ

料理に使う素材を選んで、ボウルなどの容器に入れる。

素材は容器やケースに入れて並べておくと、子どもがスムーズに選べる。

食材に見立てた落ち葉を切ったりちぎったりして、料理の下ごしらえをする。

「味つけ用の塩を計っておこう」砂を塩や砂糖に見立てれば、あそびの幅が広がる。

活動2 素材を煮たり焼いたり……

丸太の上に網を置き、コンロを作る。フライパンや鍋をのせ、下ごしらえした素材を煮たり焼いたりする。

「もうすぐピザが焼けるよ！」小さな木の輪切りをピザに見立てて。

活動3 森のランチタイム

おちばのソテーがおすすめですよ！

作った料理を並べて、好きな料理を自分の皿に盛りつける。交代で配膳係とお客さんの役をやっても楽しい。

お弁当箱に盛りつければ、おいしそうなお弁当のできあがり。外に持ち出せばピクニック気分に。

展開POINT!

お散歩中に木の実や落ち葉などを拾い集めたら、同じ仲間の入れ物を作って入れておきましょう。少しずつ素材がたまり、いつでもキッチンあそびができるようになります。

やってみよう！ 落ち葉モビール

落ち葉に穴を開け、麻ひもなどに通したらモビールのできあがり。葉っぱに、目玉をつけると表情が生まれ、さらに楽しめます。できた作品をランチタイムの会場に飾りつければ、さらに落ち葉と子どもたちの心が近づき、盛り上がります。

11月 落ち葉

12月 テーマ 木の実

子どもたちが大好きな秋の自然素材。落ち始めの時期は拾って集めるだけで楽しく、集めたあとは分類してまとめたり、あそびの中で使ったり、製作の材料として生かしたりと、たくさんの用途が広がります。最初にひと手間加えれば保存もしやすいので、大人の手助けと子どもの発想を上手に組み合わせて、長く楽しみましょう。

年齢ごとの子どもの姿

0歳 そのままさわるほか、割れにくい容器や箱などに木の実を入れて、音を楽しみます。

1歳／2歳 拾い集めるだけでも大きな楽しみ方。さらに傾斜や筒などを利用して"どんぐりころころ"を楽しむなど、動きをもったあそびをします。

3歳／4歳／5歳 1つ1つを見比べて、形や大きさ、色合いなど、どれもが違うことに気づくと魅力が深まります。製作やおままごとの材料として、いろいろな楽しみが広がります。

📢 子どもへの声かけ

拾ったり分類したりする際には、形や色、大きさ、手ざわりなど、木の実の特徴によく気づけるような声かけやあそびを工夫しましょう。

- 大きさや色をよく見てね。どんな違いがあるかな？
- 帽子の模様や形が違うね。どんな帽子があるか、探してみよう！
- 転がしたらどうなる？踏んだらどんな音がする？

❤ ねらい

- 同じような大きさ、形のものがたくさん落ちている木の実。たくさん拾い集めることの楽しさを感じます。
- 同じような木の実でも、手に取ってよく見ると、1つ1つ違うことに気づくので、観察力を養うよい機会です。
- 木の実を材料として使うほか、落ちている木の実を踏んだときの感触や音を楽しむ姿もあります。いろいろな楽しみ方を自分で見つけられるよう、見守りましょう。

🫙 長く楽しむために

- 拾ってすぐに密閉容器に入れてしまうと、中に湿気がこもり、カビが生えるもとに。必ず通気性のある容器に保存します。
- また、中に虫が入っていることがよくあります。虫が入ったままだと、木の実が割れたり、保存中に虫が出てきたりするため、長く使う場合は、煮沸、または冷凍したあとよく天日で干して、中の虫を処理します。
- 木の実の中でも「マテバシイ」の実は虫が入りにくく、おすすめです。

⚠ 注意

- 誤飲に注意しましょう。0歳の場合は、木の実をじかにふれさせる場合は、必ず保育者と子どもが1対1でしっかり見守ります。1、2歳は、たくさんの木の実を目の前に見せると喜びますが、保育者は事前に個数を確認しておき、あそびの最中も保育者が数を確認できるようにしておきましょう。
- 乳児は、マラカス等、容器に入れて音を楽しむあそびがよいでしょう。

いろいろな木の実

マツボックリ

マテバシイ

コナラ

シラカシ

クヌギ

ナンテン

3・4・5歳 木の実のケーキ ★

12月 木の実

木の輪切りをケーキのスポンジに見立てて、粘土のクリームと木の実で飾り、オリジナルのケーキ作りを楽しみます。ケーキができたら、ケーキパーティーを開いたり、ケーキ屋さんごっこをしたりして、発展させましょう。

準備するもの
- 絵本『きのみのケーキ』(P.124参照)
- 木の実・草の実・ヒイラギの葉　●紙粘土（白、茶色等）
- 木の輪切り（なければ木片やプリンの空き容器など）　●ボウル
- 泡立て器　●画用紙　●はさみ　●レースペーパー　●皿

保育者の準備
- 拾っておいた木の実や草の実を、同じ種類ごとにケースに分けておく。紙粘土も色ごとに分けておく。
- ケースは机に並べてカバーをかけ、隠しておく。

導入　絵本『きのみのケーキ』の読み聞かせ

『きのみのケーキ』の読み聞かせが終わったら、「みんなは、どんなケーキが作りたい？」と聞いて、いろいろなアイデアを出してもらう。

「じゃあ、みんなも作ってみよう！」と、カバーを外して木の実を見せる。

活動1　ケーキの素材を選ぶ

子どもたちに取り皿を渡し、「好きな色の粘土や木の実を選ぼう！」と声をかけて、素材を選んで取る。

「どんなケーキにするのかな？」と声をかけて、自分で選んで作る楽しさを演出しよう。

クリームに見立てた紙粘土をちぎってボウルに入れ、泡立て器で軽く混ぜる動きをする。

環境 POINT!
ボウルや泡立て器を使うことで、子どもたちが本当にケーキを作っている気分で取り組めます。ボウルや泡立て器の使用が難しければ、紙コップと割りばしなどで代用を。エプロンや三角巾などをつけて、料理をしている気分を演出するのもよいですね。

活動 2 ケーキ作り

ケーキの飾りつけができたら、レースペーパーを敷いたお皿の上にのせて完成！ レースペーパーは数種類用意して、好きなものを選べるようにしよう。

クリーム（紙粘土）を木の輪切りにぬり、選んだ木の実やヒイラギの葉で自由に飾りつける。落ちやすい丸い実は、実の周りの粘土を指先で押さえてしっかりかためる。

展開 POINT!
木の実は、種類ごとにケースに分けておくと、ケーキの素材としてその違いを楽しみながら、自分の飾りたいものをじっくりと選ぶことができます。

活動 3 ケーキパーティー！

画用紙で作ったフォークに、自分の名前を書こう。ろうそくを立てたり、ケーキプレートを用意して、ケーキの名前を考えて書いても。

子どもたちが作ったケーキを、クロスなどをかけた机に並べて、パーティーを開く。画用紙でフォークも作って用意する。

展開 POINT!
自分で作ったケーキに、自分で名前を考えてつけることで、自然あそびから造形あそび、さらには言葉あそびにもつながり、5領域をつなぐ活動となっていきます。

やってみよう！ ケーキ屋さんごっこ

自分で作ったケーキを使って、ケーキ屋さんごっこに展開させましょう。ケーキ屋さんの気持ちになって、「ケーキがおいしく見えるようにするには、どう並べたらいいかな？」と聞いて、子どもたちに好きなように並べてもらいます。「いろいろな色が並ぶときれいだね」などと声をかけて、子どもたちが自分で考えられるようにアドバイスをするとよいでしょう。

落ち葉と組み合わせれば華やかなディスプレイに。

3・4・5歳 # ドングリころころ ★★

12月 木の実

子どもたちが拾ったたくさんのドングリをそのままにせず、教材として活躍させます。「どんぐりころころ」の歌のように、ドングリがころころ転がっていく様子をそのままあそびに変えてしまいましょう。

準備するもの
- たくさんのドングリ
- 竹（数本～数十本） ●鍋
- バケツやたらいなど（高さのある器）

保育者の準備
- 竹は、縦に半分に割って、中の節を削った状態にしておく。
- 園庭で行う場合は、台などを使って傾斜のある場所をいくつか作っておく。

導入 「どんぐりころころ」の歌

ドングリを持ちながら「どんぐりころころ」を歌い、「ドングリの転がる音ってどんな音かな？」と声をかける。

持っていたドングリを下に落としたり転がしたりして、音を聞く。

活動1 ドングリころころ

「ドングリをもっと転がそう」と声をかける。お手本として、竹を1本斜めにし、下に鍋を置いて、ドングリを転がす。

大きさの違うドングリで転がる速さを比べてみよう。

展開POINT!

お手本を見せたあと、「みんなのドングリも転がしてみよう」と声をかけて、順番に次々ドングリを転がし、鍋がコロンコロン鳴り続くのを聞きましょう。慣れると子どもたちは自分のペースで転がし始め、リズムをつけて楽しむこともあります。

節を削らずに残した竹を使い、左右にころころとドングリを転がす。1人あそびのアレンジもおすすめ。

活動2 竹のコースをころころ

「竹をつなげて、ドングリが長く転がるコースを作ってみよう！」と声をかけ、子どもたちが協力してコースを作る。できたらドングリを転がしてみる。

ドングリが長く転がるコースを作るため、傾斜のある場所を探して竹を置いたり、バケツやたらいなどを利用したりして、子どもたちが自発的に工夫し合う姿が生まれる。

環境POINT!

コース作りの活動を行う場所は、園庭や公園（坂がある場所だとなおよい）がよいが、室内でもできる。コースをいろいろ試せるように、竹やバケツ、たらいをたくさん用意しておく。

傾斜があまりないところや平坦な場所では、バケツや遊具、段ボールなどを組み合わせて傾斜を作る。

展開POINT!

竹をジグザグに配置したり、用意された道具以外のものを使うなど、コースを長くするために、年長の子どもたちは自然と自分たちで創意工夫をし始めます。あらかじめ完成形が決まっていない自然素材は、子どもたちの知恵や考える力を引き出し、あそびを深めます。

やってみよう! ドングリリレー

短い竹を子どもたちがそれぞれ1本ずつ持ち、手で傾けながら、ドングリを隣の友だちに渡していきましょう。竹を微妙に傾けながら、落ちないようにドングリを渡さなければならないので、集中力が高まります。みんなで協力して最後の子のところまでドングリを転がして、達成感とチームワークを味わいましょう。

おっとっと！

協力する気持ちと集中力が培われる。

80

0・1・2歳 乳児の ころころあそび ★

竹のコースを1本だけ使い、ドングリを転がすことを繰り返してあそびます。竹を転がる音、鍋やフライパンに落ちる音の心地よさに乳児も集中して楽しめます。

12月 木の実

準備するもの
- 竹1本（2種類のコースを用意） ● ドングリ
- 鍋、フライパン、木琴など ● リンゴやミカンなど、丸い果物
- 目玉シール（P.139の目玉の型紙を使っても）

保育者の準備
- 竹を縦に半分に割って、中の節を削った状態にする。

活動1 竹のコースをころころ

竹のコースの下に鍋を置き、ドングリを次々転がして音を聞かせる。

鍋に目などをはり、「鍋くんはどんな声かな」と声をかけると、子どもたちの期待が高まる。

鍋をフライパンや木琴に替えて、ドングリを転がし、音の違いを楽しむ。

環境POINT!
転がしたドングリは子どもが誤飲しないように注意して見守りましょう。誤飲のおそれがある場合は、ドングリのかわりにミカンやリンゴなどの丸い果物を転がすと安心です。保育室にさわやかなフルーツの香りが漂います。

活動2 コロコロキャッチ

竹のコースにドングリを転がし、子どもが手のひらで受け取る。

展開POINT!
キャッチした瞬間やゴールの鍋などにコロンと落ちた瞬間に、子どもは向かい合う保育者の顔を見ます。その際に、一緒に笑顔になって喜びを共有すると、それがまた喜びとなって乳児でも、ずっと繰り返し行う姿があります。保育者との温かいかかわりの中であそびましょう。

81

3・4・5歳 ドングリでお絵かき

小さくてかわいらしいドングリが"絵筆"に早変わり。箱を動かすだけでランダムに模様ができていく不思議に、子どもたちは夢中になります。また、カラフルに変身したドングリもお楽しみの1つです。

準備するもの
- ドングリ ● 絵の具
- 皿などの容器 ● 画用紙
- 目玉シール（P.139の目玉の型紙を使っても）

保育者の準備
- お菓子の箱のふたに両面テープやのりで画用紙をはっておく。箱が白い場合はそのまま使用してもOK。

活動1 ドングリに絵の具をつける

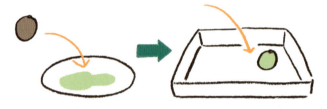

絵の具を皿などの容器に移し、ドングリにまんべんなく絵の具をつけ、箱に入れる。

展開 POINT!

ドングリがカラフルに色づくのもおもしろい。目玉シールなどをはると、キャラクターのように見えて、子どもたちも愛着がわくはず。

活動2 ドングリで絵をかこう

箱を動かして、ドングリを転がして絵をかく。違う色の絵の具をつけたドングリをいくつか転がしても、複雑な動きを楽しめる。

ドングリは思った方向に転がらず、思いもよらない作品ができあがる。

やってみよう！ ドングリの帽子ソング

ドングリは帽子の特徴を見ることで種類を見分けられます。コナラは「トゲトゲ帽子のコナラくん♪」、シラカシは「横しま模様のシラカシくん♪」、クヌギは「おしゃれなパーマのクヌギさん♪」と、歌にのせて覚えるとドングリ集めがさらに楽しくなりますよ。

 コナラ シラカシ クヌギ

3・4・5歳 木の実の音あそび ★

転がる木の実の特徴を生かして、音あそびにチャレンジ。カラカラ、コロコロ、コトコト……。耳で聞いた音を声に出すおもしろさにも注目です。自然の微妙な音の違いも、聞き分けられるようになります。

準備するもの
- ドングリ
- マツボックリ
- 小石
- ふたつきの箱

保育者の準備
- カラーペンで箱に楽しい模様をかいておく。

12月 木の実

活動1 木の実の音を聞こう

マツボックリ、ドングリ、小石を用意する。小さな箱にマツボックリを入れる。

箱をそっと振り、マツボックリが転がる音を耳を澄ませて聞き、覚える。同じように、ドングリ、小石の音も覚える。

> マツボックリはどんな音がする？

> カラコロ……コトコトかな？

活動2 音当てあそび

> な〜んだ、なんだ♪ なんの音？

> コロコロ？カラカラ？

マツボックリ、ドングリ、小石のうち1つを選び、箱に入れる。「な〜んだ、なんだ♪ 何の音？」と声をかけたら箱を振り、転がる音を聞いて、箱の中に入っているものを当てる。

箱を振りながら近くを回る。聞き分けに集中する子どもたち。

環境 POINT!

音を聞くときは目を閉じると、聞こえてくる音に集中できます。日々のあそびの中で、目を閉じて耳を澄ますあそびを続けると、いろいろな音を聞き分けられるようになっていくでしょう。

1月 テーマ 風

風のおもしろさは、肌では感じられても目には見えないところ。風や空気の動きを「見える化」する工夫で、風をあそびに取り入れましょう。乳児でも、風で木が揺れる様子や、空の雲が流れるさまを風と結びつけて楽しみます。幼児なら、かざぐるまやたこ揚げ、風を自分で作り出すあそびなどでダイナミックに風を感じられるようになるでしょう。

年齢ごとの子どもの姿

0歳 自然のそよ風やうちわの風など心地よい風を楽しみます。

1歳・2歳 強い風に木が揺れるのを見るだけでも、大いに盛り上がります。見えない風が目に見えるようになるのを楽しみます。

3歳・4歳・5歳 風が吹くのを待つだけでなく、自分で走ったり、息を吹き出したりして風を作り出すことができるようになり、あそびの幅が広がります。

📣 子どもへの声かけ

風を肌で感じるだけでなく、五感をフルに使って目に見えない空気の流れをキャッチするように導きます。雲の動きやつむじ風など、瞬間をとらえて声をかけましょう。

- 目を閉じて聞いてみて。どんな音がするかな？
- 見て！ 落ち葉がくるくるしているよ。
- 風が強い日は雲も早く動くんだね。

❤ ねらい

- 目に見えず、手に取ることができなくても、「そこにある」ことをいろいろな感覚で気づくきっかけになります。
- 風のエネルギーを見えるようにするにはどうすればよいかを考えることで、風の性質を考えたり、製作やあそびの発想を広げます。

🫙 長く楽しむために

- 風の力を利用して動く製作や、風で楽しむあそびで風を感じます。また、風を感じたときの気持ちを言葉で表すと、それが心に残ります。
- さらに、目に見えない風の姿を絵に残すことで、心に感じたことを見える化でき、友だちの中で、それぞれの違いに気づき合えます。

⚠ 注意

- 風の強いときは、細かいごみが目に入るなどのトラブルが起こる危険があるので、風の強すぎるときや、乾燥していて砂が飛びやすい時期は控えましょう。
- また、風の強い日は、大きな木から枯れた小枝などが落ちてくる場合もあるので、気をつけましょう。

風の種類

つむじ風 くるくると渦を巻く風。

木枯らし 秋の末から冬の初めに吹く強く冷たい風。

春一番 立春から春分までの間に最初に吹く強い風。

3・4・5歳 北風とあそぼう！ ★★

1月 風

冬になると冷たい風が吹きます。その見えない風を五感で感じ、見える形であそびに変えます。園庭や公園の中で風の通り道を探して、寒い冬も北風と元気にあそびましょう。

準備するもの
- パペット ● 透明のポリ袋（45L）3枚 ● はさみ ● 透明なテープ
- 目玉（P.139の目玉の型紙を使っても） ● ビニールひも
- 両面テープ ● 針金 ● ペンチ ● 風船 ● たこ糸

保育者の準備
- 画用紙を丸く切り、ペンで目を書きこんだものをたくさん用意する。
- 北風くんを作っておく。

準備　北風くんを作る

 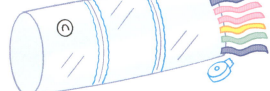

2枚のポリ袋の底を切る。透明なテープで2つをつなげ、残った袋もつなげる。

袋の口に画用紙で作った目玉をはり、底のあたりにビニールひもを両面テープではりつける。

  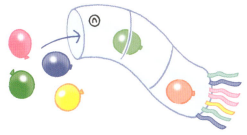

袋の口の外側に針金をぐるりとはり、ペンチで切る。口を折ってテープでとめ、袋の中に風が入りやすくする。

長い袋ができたら、その中に、小さくふくらませた風船を数個入れておく。

活動1　パペットを使った声かけ

寒いのはだれの仕業だろう？

パペットを使って「冬の寒さはだれの仕業かな？」と問いかける。

「北風くんが風を起こしているんじゃない？　今日も来ているかも！」と声をかけ、あそびに入る。

環境POINT!
風が強い日を選ぶと、このあとのあそびがより楽しめます。「北風くん」と名前をつけることで、目には見えず、冷たい北風も子どもたちにとって親しみやすい存在になります。

活動2 北風くんをつかまえよう！

外に出て、保育者が袋の先端を持って走る。
子どもたちがそのあとを追いかける。

展開POINT!
北風くんの動きから、風が起きるおもしろさを楽しみましょう。カラフルな風船も太陽の光に透けて、とてもきれいです。

活動3 北風こぞうを作ろう

北風くんの中にある風船を、子どもたちに手渡す。風船に目玉とビニールひも、たこ糸をつけて、北風こぞうを作る。

保育者が北風くんを持って走り、子どもたちは北風こぞうを持ち、追いかけてあそぶ。

やってみよう！ 北風くんになりきって

最後は風が通る場所を選び、木立の間に北風くんと北風こぞうをロープにつるしてみましょう。北風くんや北風こぞうの気持ちになりきって、その動きを楽しみながら、お話作りをしてもよいですね。

北風の気持ちになって、子どもたちと風の動きを楽しむ。

0·1·2歳 乳児の カラフル吹き流し

1月 風

風の強い日にビニールひもで作ったカラフルな吹き流しを持って、園庭に出てみましょう。見えない風の姿を、ビニールひもの動きを通して、楽しむことができます。

準備するもの
- ビニールひも
- はさみ
- ロープ（ひも）

保育者の準備
- 吹き流しを作る。

準備　吹き流しの作り方

ビニールひもを風になびくように長めに切って、1本の細いロープに結んでいく。

さまざまな色のひもを使ってカラフルにすると、風になびく様子がさらに美しくなる。

活動1　トンネルくぐり

保育者2人でロープの両端を持って広げる。

子どもたちが風になびくひものトンネルをくぐりぬけてあそぶ。年長さんも楽しめるあそび。

展開POINT!

風が強い日を選び、風の通り道を見つけてあそびましょう。ひもが子どもの足に引っかからないよう、ロープを持つ高さに注意しましょう。

3・4・5歳 葉っぱのくるくるひも飾り

葉っぱにひもを通して、風に吹かれてくるくる揺れたり回ったりする、葉っぱのひも飾りを作りましょう。木についている葉っぱとは異なるゆかいな動きが目を惹きます。

準備するもの
- かたい葉っぱいろいろ（タイサンボク、ツバキ、キンモクセイ等）
- 穴開けパンチ（1穴）　● テグス（ひもでもOK）　● ビーズ
- ストロー　● はさみ

保育者の準備
- ストローをさまざまな長さに切ってたくさん用意しておく。

活動1　葉っぱのひも飾りを作る

かたい葉っぱにパンチで穴を開ける。テグスに穴を開けた葉っぱやビーズ、ストローなどを通していく。

環境POINT!
葉っぱだけだと1枚1枚が重なり、風の動きを受けにくくなります。葉っぱの次はビーズやストローを通し、葉っぱ同士の間隔をあけるとよいでしょう。

活動2　ひも飾りを飾る

できあがったひも飾りを、風の通る窓辺やテラスにかけておく。風でくるくると葉っぱが回る様子を楽しむ。

展開POINT!
短めのテグスに葉っぱを通して、窓辺や遊具にかけてもすてきでしょう。保育室の天井にかけて飾りにすれば、室内でも季節を感じることができます。

風キャッチ

3・4・5歳

1月 風

風の予測できない動きを楽しむあそびです。パラシュートは身近なアイテムを使って簡単に作れるので、子どもたちだけでも製作できます。風をいかにつかまえることができるかを楽しみましょう。

準備するもの
- マツボックリ
- 毛糸
- レジ袋
- 画用紙
- ペン
- 両面折り紙

保育者の準備
- 特になし

活動1 マツボックリのパラシュート

マツボックリに毛糸を巻きつける。毛糸の端をレジ袋の取っ手に結びつける。

高いところから上に向かって投げると、風を受けてゆらゆら揺れながらふんわりと着地する。

活動2 ポイントゲーム

やったー！10てんだ！

画用紙に「1点」「5点」「10点」など点数を書いて、カードを作り、床にすき間がなるべくできないように並べる。

マツボックリパラシュートを投げ、カードの上にのったら得点とする。何回か投げ合い点数を競う。

活動3 プロペラフラワー

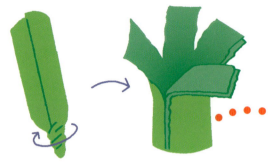

プロペラフラワー完成！

両面折り紙を筒状に巻き、下の部分をねじる。上から5cmくらいを4等分に裂き、やや斜めに折って、プロペラ状にする。

展開POINT!
プロペラ部分は角度をつけて斜めに折り上げることでくるくると回転しながら落下します。

活動4 プロペラフラワーキャッチ

2人1組でプロペラフラワーを投げ合いっこする。慣れてきたら少しずつ距離を広げて、より遠くまで飛ばしてあそぶ。

展開POINT!
力いっぱい投げるよりも軽く風をとらえるように投げると、花びらが舞うようにくるくるとよく飛びます。

やってみよう! みんなでコンテスト

プロペラフラワーをどれだけ遠くに飛ばせるかみんなで競ってみましょう。投げ方だけではなくプロペラの形、紙の大きさなどを工夫して、より遠くまで飛ぶプロペラを作ってみましょう。

3・4・5歳 風の絵本作り

風は目に見えませんが、葉っぱや木の枝、空や砂がその存在を教えてくれます。風に注目することは、見えない自然への視線を育てます。

準備するもの
- 画用紙
- ペンやクレヨン
- 目玉シール

保育者の準備
- 特になし

1月 風

活動1 風の吹く場所どこかな？

「風くんってどこにいるのかな？」と声をかけ、風の吹く場所を考えてみる。

外に出て風を探す。風に揺れる木の葉などを見つけたら拾う。

環境POINT!

木枯らしが強く吹く冬だからこそ、園庭や公園では葉っぱや木の枝が風に揺れたり、砂ぼこりが舞ったりして、目に見えない風の姿をとらえることができます。「動いているものあるかな？」と声をかけると風を見つけやすくなります。

活動2 風をかいてみよう

保育室に戻り、見つけた「風」を絵にかいてみる。拾った葉っぱなどに目玉シールをはってもよい。

やってみよう！ もっと風くん探し

いろいろな風を探したら、もっと風くんがいないか、みんなで考えてみましょう。例えば、水面にさざなみがたったり、雲の形がどんどん変わっていくのも風くんの仕業です。海で波が起きるのは？ タンポポの綿毛が遠くに飛ぶのは？ みんなで思いをめぐらせて、少しずつ世界を広げましょう。

水面の揺れや流れる雲など、風くんはまだまだいろいろな場所に。

91

2月 テーマ 光 ☀

冬の保育室には、日ざしが長くさしこみます。太陽の光をあそびに取り入れることで、子どもたちは自然の光が時間や季節、天候によって変化するのだと感覚として学びます。また、影は光あそびの第二の主役。影あそびを通じて、光は影と対になることや、ものによって影のでき方が変わることに気づくようになります。また冬場には、バケツの氷に反射した光も楽しむことができるでしょう。

年齢ごとの子どもの姿

0歳 窓にはったセロファンや紙の影を楽しんだり、自分の影に興味をもってあそんだりします。

1歳・2歳 窓からさしこむ光を楽しむだけでなく、時間とともに影が移動することや、影にはさわれないことなどに気づき始めます。

3歳・4歳・5歳 身近なものの影を楽しんだり、自分の体を使って影を作って、「見立てあそび」を楽しんだりできるようになります。

📢 子どもへの声かけ

保育室にさしこむ光の暖かさや、園庭の木漏れ日にも気づくように声をかけましょう。身の回りのものを光に透かしたり、光を組み合わせたりするよう促すのもいいですね。

> 葉っぱを光にかざしてみると、どんなふうに見えるかな？

> お日様が当たっているところは、暖かいね〜！

> ●●ちゃんの影、発見！踏んじゃった!!

❤ ねらい

- 寒い冬だからこそ、お日様に当たると暖かいこと、日のぬくもりに気づく感性を育てましょう。
- 窓にはったセロファンの影に、こまめに目を向ける時間を作ると、時間とともに変化する自然の光の性質に気づきます。
- 子どもたちは、日だまりが暖かいことを自然に理解していますが、「お日様が当たって暖かいね」「お日さまが当たっている石が温まっているよ」などの声かけから、光と温度の関係に気づきます。
- 炎は、じっと見ていると、1色ではないことに気づきます。

🧴 長く楽しむために

- 窓に紙やセロファンなどをはると、光を「見える化」できます。
- フックの影をヘビに見立てて、ちょうどよいところに目玉シールをはる影あそびなども、子どもたちに光を意識させるきっかけになります。
- 時間の経過とともに、保育室の床に映った影が、ずれて動くことに気づけば、1日の時間の中での動きを、朝、昼、夕方と影の形をテープなどで型どっていくと、光が移ろうことのおもしろさを楽しめます。

⚠ 注意

- 太陽を直接見ると、目に負担がかかります。特にものを光に透かして見るときは、太陽を見ないように伝えます。真夏の日ざしが強い時期には透かしあそびを控えるなどの配慮も必要です。

いろいろな光の姿

虹 太陽の光が空気中の水分に当たることで現れる。

影 光がものよってにさえぎられることで現れる。

月 太陽の光が当たって輝いているように見える。

3・4・5歳 カラフルシート ★★

2月 光

冬の暖かな日ざしをあそびに生かしてみましょう。お散歩に出かけた公園でカラフルシートを広げれば、太陽の光がシートに透けて、色とりどりの影が地面に映ります。

準備するもの
- カラーポリ袋（大〈45L〉いろいろな色があるとよい）
- はさみ
- 透明なビニールテープ

保育者の準備
- カラフルシートを作っておく。

準備　カラフルシートを作る

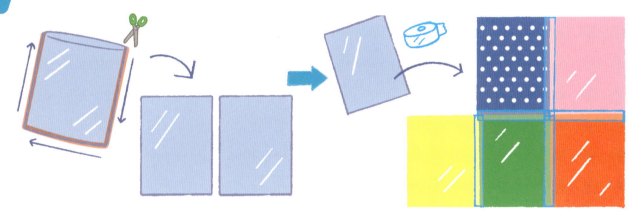

ポリ袋を切って、2枚のシートにする。

シートをビニールテープではり合わせ、大きなシートにする。

活動1　カラフルシートで外あそび

「アリさん、アリさん、集まれー！」

保育者が4人でシートの四隅を持って広げる。子どもたちがアリさんになり、シートの下にもぐる。

シートの下から見上げると太陽の光が透け、カラフルな色の世界を楽しめる。

93

活動2 追いかけっこしよう

公園などの広いところでカラフルシートの下に集まる。

グループに分け、「どちらがちゃんと集まれるかな？」などの声をかけても。

カラフルシートを持った保育者が走り、子どもたちが追いかけてあそぶ。

シートの下でゆったりと光の揺れを見たあとは、思い切り体を動かして元気にあそびましょう。寒い冬でもぽかぽかに過ごせます。

やってみよう！ カラフルシートで移動

公園内の移動の際にもカラフルシートを広げれば、子どもたちの心が集まってきて、楽しくお散歩ができるでしょう。木陰で休憩する際にも、樹間に広げてかけておくと、風の姿を感じたり、色の影を楽しめます。急に雨がぽつぽつ降ってきた際にも、大きな傘になって、子どもたちをシートの中に入れて、移動することができます。シートの下は子どもが密着しすぎないように、クラスの人数が多ければ、2枚シートを用意してスペースに注意しましょう。

シートを広げての移動は周りの安全をよく確かめて。公道などでは避ける。

シートを使わないときは、木やテラスにかけておけば、風になびく様子をいつでも観察できる。

0・1・2歳 乳児の カラフルハウス

2月 光

段ボールを壁がわりに、カラフルシートを屋根がわりにすれば、彩り豊かな「おうち」のできあがり。カラフルな光に囲まれた特別な空間に、子どもたちは目を輝かせるはずです。

準備するもの
- 段ボール
- ガムテープ
- カラフルシート
- ブルーシート
- カッター（あれば段ボール用）

保育者の準備
- カラフルハウスを作る（作り方は下記参照）。

準備　カラフルハウスの作り方

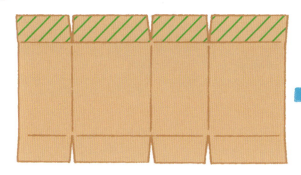

段ボールを切って開く。これをいくつか作る。上の緑の部分は切り取るか、ガムテープではり合わせる。

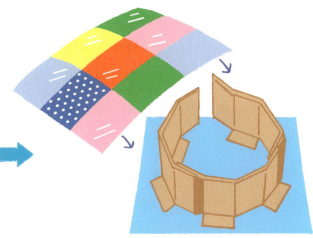

ブルーシートの上で段ボールをガムテープでつなぎ合わせ、壁を作る。段ボールの下の部分は内側と外側の交互に出し、支えにする。天井部分にカラフルシートをのせて完成。

活動1　カラフルハウスに入ろう

ハウスを園庭に持ち出し、カラフルなお部屋の中で、いろいろな色を見上げて楽しむ。

葉っぱや枝を飾れば、お部屋の中ではシートに影が映る様子も楽しめる。

展開POINT!
子どもが壁に枠をかき、保育者がカッターでくりぬくと窓として楽しめます。子どもがカッターでくりぬいてもいいですが、裏に子どもがいないかなど十分に注意をしましょう。

3・4・5歳 小さなステンドグラス ★

冬には、保育室に日ざしが長くさしこみます。日の光の暖かさと日の動きを感じる絶好の季節です。日常、なにげなく浴びている日の光に着目して、保育資源としてあそびに取り入れてみましょう。

準備するもの
- カラーセロファン
- はさみ
- 葉っぱいろいろ
- 穴開けパンチ
- 割りばし
- テープ

保育者の準備
- 特になし

導入　影を見てみよう

窓ガラスに手のひらをかざしてみる。手の影が保育室の床に映ることに気づく。

いろいろな形を作り、影絵あそびを楽しむ。

環境POINT!
ふだん当たり前に見ている影も、光によって生まれるもの。同じ形でも、時間によって影が長く伸びたり、縮んだりして形が変わるのを楽しめます。

活動1　切り絵あそびをしよう

カラーセロファンを魚の形に切り取り、窓ガラスにはる。影が形だけではなく、色も映し出すのを楽しむ。

展開POINT!
幼児は、自分でカラーセロファンで好きな形に切り抜き、窓ガラスにはってみましょう。乳児は、先生にはってもらって、床に映った形を楽しみます。

本物の魚が泳いでいるように見えるので、乳児は、床に映る魚を手で捕まえようとする姿が見られる。

活動2 葉っぱで影絵

大きな葉っぱなら
にっこり笑顔も作れるよ！

葉っぱに穴開けパンチなどで穴を開け、顔を作る。
地面などに影を映してあそぶ。

展開POINT!
葉っぱの独特な形を生かすことで、カラーセロファンとはまた違った影絵を楽しむことができます。葉っぱを地面から離したり近づけたりすると、顔が伸びたり縮んだりして、表情が変化します。

葉脈が多いオオバコの葉っぱなら、さらにユニークな顔を作ることができる。

2月 光

活動3 影絵でお話作り

葉っぱをひっくり返して
裏に割りばしをつける

葉っぱで作った顔にテープで割りばしを2本つけ、葉っぱの人形を作る。

葉っぱの影を動かして、お話作りを楽しむ。

ふしぎなかげのぼうけん
はじまり、はじまり！

年長さんから乳児さんに向けて影絵の劇を披露。喜んでもらうことで、演じた子どもたちの自信につながる。

展開POINT!
割りばしをつけることで、より葉っぱを操りやすくすることができます。影たちが生み出す自由なストーリーを楽しみましょう。

97

3・4・5歳 あかりウォッチング

冬は自然の中に色がなくなり、人はあかりを求めます。真っ暗な保育室にぼんやりともるキャンドルの光はとても温かく感じられるでしょう。ふだんはにぎやかな保育室にも静かな集中力が生まれます。

準備するもの
- 耐熱カップ（透明／保育者は取っ手つきのものがあれば）
- ティーライトキャンドル（カップより小さいもの）
- マッチ（またはライター） ● 黒い画用紙 ● 紙皿 ● 絵の具

保育者の準備
- 人数分のカップにティーライトキャンドルを入れておく。
- 水を入れたバケツを用意しておく。

導入　ろうそくを配る

「静かに見てみようね」

子どもたちを席に座らせ、カーテンなどを閉めて部屋のあかりを消す。「今から小さなあかりがつくよ」などと言って、保育者がキャンドルを持って火をつける。

「ひがおおきくなったりちいさくなったりするよ」

キャンドルを入れたカップを1人1個配り、机に置く。静かに待てる子どものところから回り、マッチで火をつける。

環境POINT!
火を扱う際は水が入ったバケツを用意し、火の周りに燃えやすいものは置かないこと。また、火やキャンドル、カップにふれるとやけどの危険があること、倒すと火事になる可能性があると説明し、保育者の目が行き届くようにしましょう。

活動1　手をかざしてみよう

「ゆっくり近づけてみてね」

キャンドルのそばに保育者がそっと手のひらを近づけ、次に子どもに促す。

「てがオレンジいろになったよ」火の温かさと、やわらかなあかりの色を感じることができる。

活動2　火を動かしてみよう

「ふー…」

保育者が自分のキャンドルに、息をそっと吹きかけ、火が揺れる様子を見せる。子どもにもそっと息を吹くように伝える。

「あ、ひがおどってる！」「よろこんでる！」生き物のような火の動きを子どもたちは集中して追う。

活動3 火の絵をかいてみよう

「この真っ暗なお部屋にあかりをつけてみよう」

部屋のあかりをつけて、黒い画用紙を見せ、「真っ暗なお部屋に今見た火をかいてみよう」と声をかける。

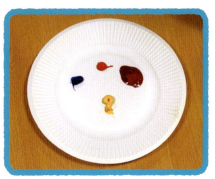

「どんな色が見えた？」と聞くと、青、オレンジ、黄色、赤など思い思いの色を答える。その色の絵の具を紙皿に入れて渡す。

指先で画用紙に火の絵をかく。「火の外側はどんな色だった？」など声をかけるとイメージができやすい。

最後はみんなのかいた火とキャンドルを並べる。火の絵を見たら、部屋のあかりを再び消してキャンドルを見つめる時間を作り、火の姿やそのとらえ方がさまざまなのを知る。

2月 光

やってみよう！ 葉っぱのランプ

暗闇でろうそくの炎に親しんだら、葉っぱを使ってやわらかなあかりのランプを作ってみましょう。複雑な葉っぱの影がほんのりと浮かび上がり、保育室をやさしく照らしてくれます。

①葉っぱにクッキングシートをのせる。色鉛筆でこすり、模様を写したら、丸めてしわをつけ、広げる。落ち葉をはりつけてもよい。

②①をプラスチックカップに巻きつける。テープでとめて、懐中電灯を中に入れて照らす。

静かで穏やかな空間で、凛とした時間を感じよう。

99

3月 テーマ 木

日本は国土の7割が森林です。森に囲まれた美しい文化があります。なかなか森に行くことはできませんが、身近な園庭や公園の木に、楽しく出会わせてあげましょう。木肌にふれて対話したり、小枝や木っ端を保育に持ちこめば、生活の中にある木製品ともつながっていることに気づくはずです。木をより身近なものと感じられるような声かけや環境作りをしたいですね。

年齢ごとの子どもの姿

0歳 木の枝を手に持ったり、いろいろな木肌の感触を楽しんだりすることから始めます。

1・2歳 落ちた小枝を集めたり、手に取って折ったり、足で踏んだり。その感触や音を楽しむなど、木そのものであそぶ姿が見られるように。

3・4・5歳 あそびの内容に合わせて、枝の太さや長さを選んで使うようになります。木っ端を使った工作あそびなどを通して、木の性質や森と生活の中の木製品とのつながりに気づきます。

子どもへの声かけ

園庭やいつもお散歩に行く公園には、どんな木が生えているのか、見て通りすぎるだけではなく、実際に木肌にふれたり木の下で木漏れ日を楽しんだりして、木に親しみましょう。

- 園庭や公園にはどんな木が生えているのかな？みんなで見に行こう！
- 小枝をたくさん集めよう。そして太い枝、細い枝に、分けてみない？
- あれ？ 不思議だね。小枝は、みんな形が違うよ。

♥ねらい

- 木の枝は1つとして同じものはありません。それをあそびに取り入れることで、「みんな違ってみんないい」という感覚があそびの中で育っていきます。
- おもちゃや家具などの素材になる木と、公園などで拾う枝と、さまざまな状態の「木」にふれることで、木について考える機会が増えます。
- 遠くにある森や木が、じつは身近な家具や木製品として、生活の中でつながっていることに気づきます。

長く楽しむために

- 拾った枝はほこりやごみをよく払って使います。また、折れたばかりの枝だと湿気が残っていて、カビが生えたり、虫がついたりすることがあります。見た目は乾いていても、中に湿気が残っていることも多いので、製作の材料にするときは、よく日に干して十分に乾燥させてから使いましょう。
- 「小枝BOX」を用意して、集めてきた小枝を太さの違いで分類して保管すれば、いつでも素材として使えます。

⚠注意

- 長すぎる枝は思わぬけがを招きます。子どもが扱いやすい長さに切っておきましょう。
- 「枝を振り回さない」「人に向かって動かさない」などの約束をしておきましょう。
- 木材を使った工作をするときは、工具の正しい使い方を伝えた上で行うとよいでしょう。
- 工具によるけがは、管理が不十分なときに起こりがちなので、管理を徹底します。

木の種類

スギ 木材の代表的な種類。はしなどにも使われることが多い。

ヒノキ 水に強い性質なので、風呂おけなどの材料になる。

ホオノキ しゃもじやまな板に使われることが多い。

イタヤカエデ 家具や楽器の材料に使われる。樹液から、あまいシロップがとれる。

3・4・5歳 マイツリー ★

園庭や公園で拾い集めた小枝を使って、木の姿を再現してみましょう。幹の太さの変化や枝分かれの仕方など、木の特徴をよく観察し、みんなの知恵と力を合わせて造形あそびを楽しみましょう。

3月 木

準備するもの
- 太さの違う小枝いろいろ
- 背負子（しょいこ）やかご
- 箱（枝を分けるため）
- ブルーシート
- 落ち葉や木の実
- 粘土

保育者の準備
- 特になし

導入　園庭の木を見てみよう

園庭の木を観察する。木の形に注目できるよう「幹の上のほうはどうなっているかな？」「枝はどうやってついている？」など声をかけながら行うとよい。

「あのきは、みがついてるね」毎日見る園庭の木でも、じっくり観察するとふだんは気づかない姿が見える。

環境POINT!
ほとんどの木は、太い幹から上に向かい先に行くほど細くなっていきます。また、枝は木の幹から分かれ、枝から枝へと分かれていることに気づくでしょう。木の姿をじっくりと観察しておくと、あとの活動がより深まります。

活動1　枝を集めよう

枝を集め始める前に、子どもたちを集めて、「枝を持って走らない」「枝を人のそばで振り回さない」など枝拾いのお約束をする。

園庭や公園で枝を拾い集める。先生が背負子（しょいこ）を背負うと子どもたちのやる気が高まる。

展開POINT!
あそびを始める前に「枝を持つとき、どんなお約束があったらいいかな？」など、子どもたちに問いかけて。子どもたち自身から出た「お約束」に対して、子どもたちは意識が強くなります。

101

活動2 枝の分類あそび

箱をいくつか用意して、集めた枝を太さによって分類してあそぶ。

小枝の1本1本を手にして、どっちが太いか細いかを、自分たちで考え始める。

活動3 マイツリーを作ろう

ブルーシートを敷き、地面の位置を決める。太い枝から細い枝の順に並べ、木の形を作る。

完成したマイツリー。粘土で小鳥やチョウなどの生き物を作ったり、落ち葉を添えたりするとより木の姿に近づく。

展開POINT!

安全のため、長すぎる枝は枝切りばさみで切りそろえておきましょう。グループに分かれて取り組むと、どれもみな違う味わいを持った木が生まれます。保育室の中に、小さな森の誕生です。

やってみよう！ お散歩ツリー

園の玄関ホールや保育室の一角に、園のシンボルツリーを作ってみましょう。枝をつないで並べたマイツリーを、ボードにしっかりと固定します。お散歩で拾ってきた木の実や葉っぱやお花などを、その都度マイツリーに飾れば、季節の身近な自然を楽しめるツリーに。また、ツリーを通して、ふだんのお散歩の様子をお迎えに来る保護者の方にも伝えることができます。

3・4・5歳 ブランチコネクター ★★

3月 木

　小枝は、既製のブロックなどの教材と違って、いびつでふぞろいですが、だからこそ子どもたちの多様な思いのエネルギーと知恵を引き出します。1本1本の小枝の違いを生かして、保育教材として造形あそびに取り入れましょう。

準備するもの
- 小枝いろいろ（できるだけ細い枝先を用意）
- 紙粘土
- 目玉シール（できれば手芸用。P.139の目玉の型紙を使っても）

保育者の準備
- 枝先を短くランダムに切り落とした小枝をたくさん用意する。
- 枝と紙粘土を使って変な生き物をいくつか作っておく。

導入　おだんごころころ

小枝と紙粘土で作った作品を見せ、「これ、なんの生き物だろう？」と声をかけ、子どもの意欲を高める。

「おだんごころころ、何ができるかな？」と歌いながら、紙粘土を丸めて、おだんごをたくさん作る。

活動1　生き物を作ろう

紙粘土と小枝の端をどんどんつなげて、形を作る。最後に目玉シールをつければ生き物のできあがり。

枝が太い場合は油粘土や樹脂粘土など、強度が高いものを使っても。

環境POINT!
　上手に作ろうとしなくても、自然の多様な形が、自由で豊かな製作活動として助けてくれます。表現活動や製作が苦手な子どもものびのびとあそび、ものを作ることのおもしろみや表現する喜びを味わうことができるでしょう。

キリンやウニのような不思議な生き物が勢ぞろい。

103

3・4・5歳 小枝の形あそび ★

小枝を並べるだけで、△、×、□などの形ができあがり。同じ△でも細長かったり平たかったりと形もいろいろ。図形があっという間にできあがるおもしろさに子どもは目を輝かせます。

準備するもの
- 小枝いろいろ
- 形の絵本

保育者の準備
- 小枝は20〜30cm以下に切り分け、いろいろな長さにする。
- 画用紙に、形や文字をかいてホチキスなどでとめ、形の絵本を作っておく（P.126みつけたカードを使ってもよい）。

導入　まねっこできるかな？

指導者が、「こんなこと、こんなことできるかな？」と歌いながらポーズをとり、子どもがその動きをまねる。

形の絵本を用意して、開いたページの形を、体を使って表現する。

活動1　小枝で形あそび

小枝を使って、形の絵本で開いたページの形を作る。

とがった三角や平たい三角など、同じ形を作っても1つ1つの枝の違いがさまざまな形を生み出す。

作った三角形の真ん中を枝を踏まないで歩くあそびに発展。子どもたちの自由な発想であそびが広がっていく。

展開 POINT!
大人ならば三角を作るには枝が3本必要と考えがちですが、二股に分かれた枝とまっすぐな枝の2本だけで形を作る子どもも。枠にとらわれず枝の形を生かす想像力が育ちます。

3・4・5歳 木っ端あそび ★☆☆

3月 木

「木っ端」をご存じですか？ 製材が切り取られる際に出る木の切れ端です。子どもたちがいろいろな形の木っ端を手にしたとき、大人の想像を超えた自由で伸び伸びとした世界が広がります。

準備するもの
- 木っ端　• いろいろな長さの釘　• 金づち
- 毛糸、フェルト、布の切れ端など
- 目玉シール（P.139の目玉の型紙を使っても）　• 接着剤

保育者の準備
- 地域の林業の方や製材所に依頼し、木っ端が出たらとっておいてもらうようお願いする。

導入　木目に気づこう

はしらにあった！
てんじょうにもあった！

保育室の机や壁、柱や床など、木でできているものの木目を探してみる。

もくめのようすがちがうよ！

木っ端をいくつか手に取り、木目の違いを見てみる。

声かけPOINT!
「お友だちの木っ端と比べてみない？」などと声をかけて、いろいろな木目を見るように促しても。「こっちのほうがぐにゃぐにゃだよ」などと、子どもたちのコミュニケーションの糸口となります。

活動1　釘打ちをしてみよう

釘や金づちを使い、木っ端を自由に組み合わせる。木っ端の厚みに合わせて釘を選ぶことも重要。

釘打ちのやり方や工具の管理を事前にしっかり教え、保育者も安全に十分配慮する。

活動2　装飾を楽しもう

毛糸やフェルト、目玉シールなどを接着剤でつけて木っ端を飾る。

「何を作っているの？」「ぼくにもわからないんだ」指示や目的もなく、ただ夢中であそびに取り組んでできた作品たち。

105

3・4・5歳 コリントゲーム ★★

木の枝を使った迷路（コース）をデザインするゲーム作り。枝の長さや曲がり具合は千差万別なので、子どもの想像力を大いに刺激します。素材をいろいろ用意して、自由な発想で作れるようにしましょう。

準備するもの
- お菓子の箱やふた
- カラーペン
- テープ
- 小枝
- ビー玉
- 目打ち

保育者の準備
- 各家庭よりゲームの台になる空き箱（箱の底面積が広く、深すぎないものがよい）、もしくはそのふたを用意してもらう。

導入　コースのデザイン

「小枝で迷路を作ろう」と声をかけて、箱の底（またはふた）にビー玉が転がるコースをカラーペンでかいてみる。

台になる箱もたくさん用意して、好きなものを自分で選ぶことで、作品への愛着が増す。

活動1　ゲーム作り

お絵かきをしたら、小枝をテープでとめてコースを作る。

スタートやゴールの位置を決め、ビー玉が転がるコースを予想しながらデザインすることで想像力が広がる。

こっちにころがすには……

ビー玉を転がして、コースのおもしろさを試してみる。思ったコースになるまで、小枝の配置などを変えて調整する。

声かけ POINT!

「これを使うとおもしろい形になるかもしれないよ」と声をかけると、1つの素材だけに偏らず、さまざまな素材に目が向きます。マツボックリなど立体物を入れても楽しめます。

活動 2 コリントゲーム完成！

コース取りが決まったのを確認して、保育者がゴールに穴を開ける。

目打ちなどで、ビー玉がはまるくらいの小さな穴を開ける。穴を2つ開けてゴールを2か所設けたり、難易度を上げるために"落とし穴"を作ったりと子どものリクエストに応じても。

活動 3 ゲームを交換

ビー玉を転がしてあそぶ。友だちの作った迷路と交換してあそび合い、お互いの工夫を見て、さらにコースを改良しても。

「せんせいもやってみて！」「うぅ、難しい……！」ビー玉は思った方向に進まず、大人も苦戦。

やってみよう！ 巨大コリントゲーム

大きな枝や段ボールを使って、巨大なコリントゲームを作りましょう。下のほうに点数を書いたカップめんの容器やプラスチックカップをはり、転がしたマツボックリやドングリなどが入れば得点するなど、工夫してあそびましょう。転がす際は、階段などに設置すると傾斜ができてあそびやすくなります。

3月 木

年間通してできる **自然あそび**

3・4・5歳　言葉あそび

５７５ポエム

自然あそびになじむほど、子どもたちの豊かな発話が生まれます。子どもから出た言葉を保育者が拾い上げて、５・７・５のリズムに編集すれば、共作ポエムに。楽しみながら、伝統の５・７・５の音律に親しみましょう。

準備するもの
- 紙粘土　● 草花、枝、木の実など
- 目玉シール（手芸用）　● 画用紙
- はさみ　● ペン　● のり

保育者の準備
- 画用紙を短冊の形に切っておく。

導入　生き物かくれんぼ

紙粘土や草花、木の枝、木の実を使って生き物を作る。

「みつけたよ！」
園庭に作った生き物を隠し、ほかの子が探してあそぶ。

活動1　生き物に名前をつける

「ヘビみたいだからニョロくんかなぁ」
「みみがながいからミミちゃんだよ！」

「生き物たちに名前をつけてあげよう」と声をかけ、自由に名前をつける。

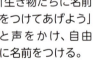

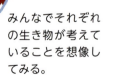
「そとだ！うれしい！」
みんなでそれぞれの生き物が考えていることを想像してみる。

星形の生き物は「キラノちゃん」、ハートは「ハートちゃん」に。名前をつけることで愛着が増す。

展開POINT!

自分で作った生き物の気持ちを考えることは、相手を思いやる心や、ものを大切にする姿勢につながります。また、気持ちを言葉に置きかえることで、自分の心を言葉によって伝える力が身につくでしょう。

活動2 ５７５ポエムを作ろう

「生き物の気持ちを詩にしてみよう」と声をかけ、子どもの言葉をもとに保育者が５・７・５のリズムで詩を作ってみる。

保育者が詩を読むと、詩のリズムに興味津々。自分たちでもまねをし始める。

それぞれ自分で５・７・５の詩を作る。保育者がその詩を短冊に下書きしたら、子どもがなぞり、短冊を仕上げる。

子どもたちの思いを聞き、詩に落としこむことで、１人１人の体験が自分の物語となっていく。

展開POINT!

子どもと対話しながら、子どもから出た言葉を、保育者が５・７・５の音律に並べてポエムにしてプレゼントしましょう。この経験をすると、次は子どもから自然に５７５ポエムが出てきます。

やってみよう！ 作品に詩をつけよう

自然素材を使って作品を作ったら、作品の１つ１つの情景を聞き取り、子どもの思いをもとに詩をつけてあげるとよいでしょう。詩は子どもたちの作品にこめた思いや、心の動きを豊かに表現してくれます。詩と作品を一緒に残しておけば、創作時のわくわくした気持ちや感動を、いつでもよみがえらせることができます。

作品の思いを詩に残そう。

絵日記のような構成にしても。

年間 言葉あそび

年間通しでできる 自然あそび

3・4・5歳　言葉あそび　翻作

「翻作（ほんさく）」とは、ある作品を自分流に作りかえて表現すること。作品をより深く味わえるだけでなく、自分で表現する楽しみも味わえます。今回は工藤直子さんの『のはらうたⅠ』（童話屋）を翻作してみましょう。

準備するもの
- 画用紙
- カラーペン、クレヨンなど
- のり（両面テープ）
- 落ち葉、木の実など
- 詩集『のはらうたⅠ』（P.125参照）

保育者の準備
- 特になし

導入　『のはらうたⅠ』の読み聞かせ

『のはらうたⅠ』から「すきなもの」を保育者が読み聞かせたり、子どもが声に出して読んだりする。さらに自分の好きなものに置きかえて読んでみる。

読み聞かせは園庭や公園などで行うと、より詩のイメージをふくらませることができる。

活動1　言葉の絵本を作る

画用紙を渡し、のりや両面テープで自由に素材をはりながら「自分が好きなもの」をテーマに作品を作る。

落ち葉や木の実など、子どもたちはどんどん素材を見つけてくる。

作品ができたら、保育室に戻り、ペンやクレヨンでかきこみ、完成させる。

環境POINT!
詩は、耳に心地よく響いたり、イメージが広がったり、発見があったり、心にしみたり、いろいろな楽しみを与えてくれます。声に出して楽しむのもよいですね。

「言葉の絵本」作品集

探検が好き、料理が好き……自分の好きなものを語るときの子どもたちの表情はきらきらと輝きます。

年間 言葉あそび

もじゃもじゃ頭が
トレードマーク

探偵が好き！

探検が好き！

赤いお花は
ライトなんだ！

自分が好き！

ウサギが好き！

ネコが好き！

料理が好き！

年間通しでできる 自然あそび
3・4・5歳 音あそび♪♪

目を閉じて音を聴く習慣をつけると、自然のやさしい音にも気づけるようになります。今回は保育室に木の製品を持ちこんで、音の違いを聴いてみます。そして、自分で発見した音を、言葉や線、形、色を使って自由にかいてみましょう。

準備するもの
- コピー用紙（A4程度） ● ホチキス ● テープ
- 丸太（なければ枯れ葉や小枝などの自然物でもよい） ● 木製品いろいろ
- 画用紙 ● ペンやクレヨンなど ● 絵本『もこ もこもこ』(P.125参照)

保育者の準備
- 事前に木でできた製品を2、3こ持ってきてもらうよう、各家庭に連絡する。
- コピー用紙で「白紙絵本」を作る（P.114参照）。

導入　耳を澄ませてみよう

「みんなの周りにはどんな音があるかな？」と声かけする。

「静かに耳を澄ませてみよう」と声をかけ、目を閉じて周りの音を聴いてみる。

環境 POINT!
保育室の窓を開けておくと、カーテンの揺らめく音や風で木の葉がこすれ合う音など、自然の豊かな音がたくさん聞こえてきますよ。

活動1　大きな木の音を聴いてみよう

大きめの丸太（または小枝や枯れ葉など）を用意して、「木をさわってみよう」と声をかける。

どんな音がするか想像しながらさわってみよう。

手でポンポンたたいたり、こすったり、ひっかいたりして、聞こえる音を味わう。

展開 POINT!
木を実際にさわることで、木の木目に気づくとともに、家庭から探してきた木製品とのつながりに気づきます。

活動2 小さな木の音を聴いてみよう

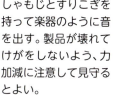

しゃもじとすりこぎを持って楽器のように音を出す。製品が壊れてけがをしないよう、力加減に注意して見守るとよい。

家から持ってきた木製品を1人1人たたいたり、こすり合わせたりして音の違いを聴いてみる。

「丸太とは音が違うのかな」大きな丸太をたたいて音の違いを確かめる。

展開 POINT!

園で木の製品を用意してもよいですが、各家庭から木製品を探して持ってきてもらうと、森の木が生活の中でどのように使われているか、木でできているものが家庭のどこにあるか、親子で探すきっかけになります。中には木目調のプラスティック製品を持ってくる子も。木の製品との音の違いを聴き合いましょう。

活動3 みんなで音を出そう

同じものでも、たたく、やさしくこすり合わせる、たたく場所を変えるなど、いろいろな音を作り出すおもしろさがある。

それぞれの木製品を持ち、何人かで音を出して合奏を楽しむ。保育者は「○○ちゃん、ど・う・ぞ！」とリズムをつけて声をかける。

展開 POINT!

保育者の出したリズムをまねたり、2つのグループに分けて交互に音を出し、音で会話するようにしてあそんだりもできます。

年間 音あそび

活動4 絵本『もこ もこもこ』の読み聞かせ

絵本の中の音の言葉を、声の高低・太さ・大きさを活用して楽しく読み聞かせる。

まるはポンポンだからはねるかんじ？

はしはカチカチだからとがってる！

「さっきの木の音はどんな絵になるかな？」と声をかけ、音と絵のイメージをつなげる。

展開POINT!
目に見えない音を見える形で表現するのは大人になるほど難しいもの。しかし、子どもの自由で柔軟な感性を開けば、大人が驚くほどに、自分で聴き取った音のイメージを絵に伸び伸びとかき始めます。

活動5 音の絵をかこう

音あそびの中で聴いた音を、線や形、色で白紙絵本にかいてみる。1つの音につき、見開き2ページを使う。紙に音を出した道具を押し当てて道具の周りをなぞってもよい。

「ギーギー」「ガチガチ」鋭い音をとがった線で表す子ども。音のイメージを表現している。

白紙絵本

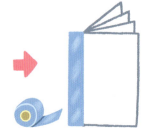

コピー用紙2枚を半分に折って重ね、背をホチキスでとめる。ホチキスの針を隠すように背をテープでとめる。

「トントン……やわらかい音だね」何度も音を聴いて確かめながらイメージを広げていく。

「音の絵本」作品集

子どもたちが作った音の絵本。目に見えない音の特徴を自由な感性でとらえ、それぞれの音の世界を豊かに広げています。

年間 音あそび

たたたた

ガリガリガリ

かんかんかん
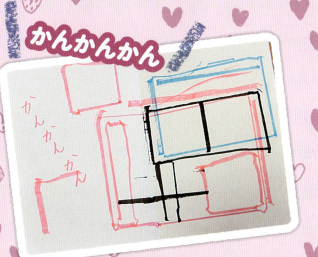

ちゃかちゃか

ぱかぱか

すすす

自然あそびを安全に楽しもう

自然は魅力に満ちあふれていますが室内よりもリスクは高まります。特に遠足などで山や林など、より自然に近い場所に行く場合は、下見を十分に行いましょう。また、危険な動植物に対する情報や対応を知ることで、安心安全な活動につながります。野外活動を重ねることで、臨機応変な対応力が身につき、日々の保育力もUPしていきます。

※けがの処置、薬の服用についてはあくまで一例です。各園や団体ごとに方針を決め、子どもたちの状態に合った対応を心がけましょう。

園外活動をする前に

準備① 活動場所の下見をしよう

☐ 休憩場所（日陰）があるか
救護や休憩用のスペースとして使用します。特に夏場は、必須です。日陰がなければタープを用意したり、シートを木立にかけて、日陰を作りましょう。

☐ 近くに水場があるか
手洗いやけがの洗浄に利用できるか確認しましょう。また、トイレの場所、トイレットペーパーの有無も見ておきましょう。

☐ 危険な生き物がいないか
P.120〜121を参考によく観察しましょう。ハチが飛んでいるようなら、近くに巣がないかを確認しましょう。

☐ どんな人が使う場所か
ほかにどんな人や団体が使う場所なのか、活動予定時間に合わせて調べておきましょう。マナーを守ることで気持ちよく活動できます。

☐ 14時ごろまでに帰れるか
午後になると、夏場は天気の急変、冬場は急な気温の低下が心配されます。14時ごろまでに撤収できる距離かどうか確認しましょう。

☐ 季節や天気による変化がないか
近くの公園など慣れた場所でも十分に確認を。季節によって開園日・開園時間を変えている公園もあります。

寒い日は氷が張ってすべりやすいな

☐ 避難・待機場所があるか
落雷や大雨などの天候の急変や災害などを想定し、避難場所、避難経路を決めておきましょう。

☐ いちばん近くの病院はどこか
最寄りの救急病院の場所、連絡先を確認して。マムシなど毒ヘビの血清の有無も確認しておくと安心です。

☐ 携帯電話がつながるか
場所によっては携帯がつながりにくいこともあるので、緊急連絡時のためにも確認しておきます。

準備 ② 子どもたちと約束しよう

①いい耳・いい目を持とう
保育室とは違い、野外では子どもたちの興味が移りやすくなります。保育者が大切なことを伝えるときには「いい耳・いい目を持ってお話を聞こう！」などと事前に伝えておきましょう。

②危険な場所には近づかない
活動が始まる前に、調査しておいた危険な場所を子どもたちと一緒に確認します。「なぜ危ないのか」を認識することで、子どもたちは自分自身で危険を避けられるようになります。

③活動エリアを決めておく
活動エリアから先には行かないよう、子どもたちと約束をしましょう。わかりやすいように目印をつけておくと◎。

テープやカードで活動エリアを限定する。

声かけやアイコンタクト、トランシーバーで意思疎通を

保育者は死角を作らないように、立ち位置を決める。

準備 ③ 自然あそびに合った服装をしよう

帽子
頭を守り、日射病や熱中症を防ぐ。つばがあるもの、首筋に日よけがあればベスト。

服
薄手の脱ぎ着しやすい長そでと長ズボンが基本。虫さされやけが、日焼けを防ぐ。乾きやすい化繊素材が◎。

くつとくつ下
はき慣れた運動ぐつを。くつ下もはくことで、けがや虫さされを防げる。

衣服や小物はハチが寄ってきやすい黒っぽい色は避ける

バッグ
リュックサックがベスト。両手があくため、自由に活動ができ、転んでもけがをしにくい。

その他
指導者や保育者はヘアスプレーや香水などをつけない。においにつられてハチなどが寄ってくる危険が。

準備 ④ 備品を用意しよう

消費期限も必ずチェックしよう　　**５Ｗ１Ｈを意識して記録する習慣をつけよう**

救急セット
起こりうるけがや疾病、子どもの持病などを想定して準備する。

水
水分補給としてはもちろん、傷の洗浄にも。

携帯電話、またはトランシーバー
緊急連絡先の番号も必ず控え、緊急連絡網も作っておく。

行動食（予備のおやつ）
エネルギー補給、気分転換にあめなどを用意。

筆記用具
緊急時に起こった状況や、子どもの発言を記録するためにも用意。

傷の止血と手当ての基礎

自然あそびで起きやすいけがに対する基本的な対処方法を紹介します。子どもがけがをした場合、大人は冷静に、ほかの子どもたちが動揺しないように行動することも大切です。また、全体を見る責任者、けがをした子につき添う人を決めておき、安全管理のバランスを考えて行動することを常に意識しましょう。

処置をする前に

手を洗い、手袋をする

けがをした子どもの血液にさわらないようにする。もしさわってしまったら、速やかに流水で洗う。

子どもを安静にさせる

安静にすることで、止血や痛みを和らげるのに役立つ。全身の状態を観察し、保温や体位にも注意。

何によってけがをしたか確認

けがをした部位、状況を速やかにチェック。動植物によっては毒性が強く、処置を急ぐものもある。

傷の手当て

出血が少ない場合

感染を防ぐため、傷口を洗浄して清潔なガーゼを当て、包帯を巻く。症状が重い場合は病院で医師の診療を受ける。

出血が多い場合

清潔なガーゼなどで傷口を圧迫し、心臓よりも高い位置まで上げ、出血を抑える。直ちに医療機関に搬送する。

止血の仕方

血流が悪くなるほどきつく巻きすぎないように注意

傷口を高く上げ、清潔なハンカチやガーゼで直接押さえて、しばらく圧迫する。包帯をややきつめに巻いても。

救急車を呼ぶか迷ったら… ▶▶ 地域の救急電話相談へ

判断に迷う場合は地域の救急相談窓口に連絡するのもよいでしょう。救急看護師、救急相談医などが症状に合わせて対応を指示し、必要に応じて救急車の手配をしてくれます。

こんな植物に気をつけよう

一部の植物は毒性が強く、さわるとかぶれたり、腫れたりすることがあります。また、うっかり口にすると種類によっては中毒を起こす危険もあります。子どもたちが危険な植物にさわったり口にしたりしないように注意を徹底し、食事の前には、みんなで手を洗いましょう。

⚠ とげのある植物

ノイバラ

幹や枝に太いとげが多く生えており、ささると出血する場合も。

アザミ

葉や花の根もとに鋭いとげがある。肌がすれてひっかき傷のようになることも。

とげが刺さったら？

とげを抜く

大きいとげはピンセット、小さいとげは粘着テープで取る。

洗浄

とげが取れたら、傷口を洗浄する。

⚠ かぶれる植物

イチョウの実（ぎんなん）

果肉にさわるとかゆみや炎症が出る場合がある。水疱ができることも。

さわってしまったら？

流水でよく洗う

洗ったら抗ヒスタミン剤含有のステロイド系軟膏をぬる。

冷やす

掻くと広がるので当て布をして冷やす。

水疱はつぶさない

つぶしてしまったら、よく洗ってガーゼで保護する。

※抗ヒスタミン剤含有のステロイド系軟膏や消毒液の使用に関しては、アレルギーなどの観点から、事前に医師、薬剤師、保護者にご確認ください。

⚠ 食中毒を起こす植物

アジサイ・ヨウシュヤマゴボウ

葉や実を口にすると30〜40分後におう吐やめまいなどの中毒症状が出る。

食べてしまったら？

すぐ医療機関へ

速やかに119番に連絡し、病院で診察を受ける。

これも！ キノコにはさわらない！

キノコは形がかわいらしく、食べ物としても身近であることから、子どもたちにとって、とても魅力的。しかし、中にはさわるだけで、体に影響を及ぼすものがあります。見つけてもさわらないよう、十分注意しましょう。

こんな生き物に気をつけよう

動物や昆虫の中には身を守るため、強い毒を持つものがいます。特に重大な事故となるアナフィラキシーショックを起こしうる物質や毒を持つ生き物は、事前調査の段階での発見に努め、子どもたちが接触することのないようにしましょう。

⚠ アナフィラキシーショックの危険がある昆虫

スズメバチ

近くに来たらじっと通り過ぎるのを待つ。子どもには「氷になあれ！」など声をかけて、むやみに手を振り回さないようにする

さされたり、毒液を浴びたりすることで、全身にアレルギー症状が出る。

ヒアリ
極めて攻撃性が強く、さされた際には、毒による激しい痛みが出て、腫れる。

アナフィラキシーショックって？
アレルゲンとなる物質が体に入ることで、短時間で皮膚や呼吸器、粘膜や消化器、循環など全身にアレルギー症状が出る反応を「アナフィラキシー」という。また、アナフィラキシーによって、血圧低下、意識障害などが起こり、命に危険がある状態を「アナフィラキシーショック」という。1度体に物質が入ると体の中に抗体ができるが、この抗体が強い反応を示すことで、2度目以降は症状が重くなる危険が高まる。

刺されたら？
速やかに医療機関へ

使い回しはしない

ポイズンリムーバー　　アドレナリン自己注射薬（エピペン®）

速やかにその場を離れ、すぐ医療機関に連絡する。スズメバチにさされた場合、針が残っていなければポイズンリムーバーを用いるか、強くつまんで毒を絞り出す。アナフィラキシー症状が出ていたらすぐに119番を。本人が処方薬として持っていればアドレナリン自己注射薬（エピペン®）を打つのも効果的。

※アナフィラキシーへの対処法は園や団体によって考え方が異なります。事前にガイドラインを決め、いざというときに備えましょう。

⚠ かぶれる昆虫

ドクガ

さわると赤く腫れ、かゆみが数週間続く。

チャドクガ

さされた直後は症状が出ないが、時間が経つと激しいかゆみや痛みが出る。

さわってしまったら？
毒毛を取る

粘着テープで毒毛を取り、流水で洗い流す。

冷やす

抗ヒスタミン剤含有のステロイド系軟膏をぬり、よく冷やす。

⚠ 毒を持つカエル

ヒキガエル

アマガエル

体の表面に有毒な分泌液がある。また、耳腺から毒液を噴射し、口に入ると幻覚症状、目に入ると激しい炎症を起こす。

さわってしまったら？

さわったらすぐ手を洗う

ヒキガエルやアマガエルをさわった手で目をこすったり、食事をしたりしない。症状があれば病院へ。

⚠ 吸血する昆虫

ブユ（ブヨ、ブト）

ヒルの仲間

かまれると多少痛みを感じ、その後患部が大きく腫れて激しいかゆみが出る。

痛みはないが、しばらく血が止まらない。無理にはがさず、防虫スプレーをかける。

血を吸われたら？

毒を絞り出す

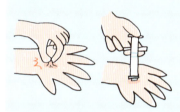

傷口を絞るか、ポイズンリムーバーを使う。

軟膏をぬる

流水で洗い、抗ヒスタミン剤含有のステロイド系軟膏をぬる。

これも！ 危険な生き物＝悪者？

そもそも、なぜ生き物たちは毒やとげなどで攻撃するのでしょう。その理由の1つは「自分より強い生き物から、自分や仲間の身を守るため」です。そのため、春から秋にかけての子育てシーズンに、攻撃性が増す生き物も少なくありません。しかし多くの場合、こちらから近づいたり、手を出したりしないかぎり、攻撃してくることはないでしょう。

「毒があるから」「危険だから」と、ただ悪者扱いして遠ざけてしまうのではなく、彼らも一生懸命生きているということを、子どもたちに伝えたいですね。

絵本を自然あそびに取り入れよう

あそびが「動」であれば、絵本の読み聞かせは「静」。あそびの前後に、自然をモチーフにした絵本を読み聞かせれば、子どもたちは自然あそびへの期待に胸をふくらませたり、自然とふれあった楽しい思い出をしっかりと心に刻みます。

＊本は品切れの場合があります。

4月 花　はなをくんくん
福音館書店　文：ルース・クラウス／絵：マーク・シーモント／訳：きじまはじめ

雪が降り積もる冬の森には、春の訪れを待ち望んでいる動物がたくさん。小さな1つの花に、動物たちが春のぬくもりを感じている様子が印象的。

4月 花　はなさかじいさん
金の星社　文・絵：いもとようこ

物語のハイライトは枯れ木に桜の花が次々と咲く場面。まるで心の中にも花が咲くように、花が人の気持ちを和ませることを感じられるはず。

4月 花　あのね
鈴木出版　作：さえぐさひろこ／絵：入山さとし

うさぎさんとくまくんの出会いを描いた春の絵本。野に咲く花や舞い散る桜の花びらが、2人の楽しい気持ちを表すように、やさしく描かれる。

5月 葉っぱ　いない いない ばあ
童心社　ぶん：松谷みよ子／え：瀬川康男

子どもたちが大好きな「いないいないばあ」あそび。この本であそんだあと、葉っぱで顔を隠すなど、自然素材を使ったあそび方にもアレンジしてみて。

5月 葉っぱ　くっついた
こぐま社　作：三浦太郎

きんぎょ、あひる……いろいろなものが「くっついた」だけなのに、なんだか楽しい！　洋服にくっつく葉っぱの製作あそびの前後に読むのがおすすめ。

5月 葉っぱ　こちょこちょ
福音館書店　作：福知伸夫

子どもたちと一緒にこちょこちょの場面を開きながら、ふさふさの葉っぱで絵本の中のキャラクターをくすぐるふり。途端に子どもたちは葉っぱに愛着を抱くはず。

5月 葉っぱ　いい おかお
童心社
ぶん：松谷みよ子／え：瀬川康男

自然の中に顔を見つけたり、葉っぱや枝で顔に見立てたり。周りに「いいおかお」が増えると、子どもたちにも笑顔が広がることを実感できる。

5月 葉っぱ　かお かお どんなかお
こぐま社
作：柳原良平

文字を読まなくても、表情、顔の形、背景などページ全体から「どんな気持ちか」が感じ取れる。葉っぱや小枝で顔を作るあそびの前後にぜひ。

6月 雨　あめ ぽぽぽ　P.29で紹介
くもん出版　さく：ひがしなおこ／え：きうちたつろう

雨の降り始めからやむまでの、しずくの音や景色の変化が子どもらしい言葉で描かれる。雨の美しさや音のおもしろさ、雨降り散歩の楽しさが心にしみる。

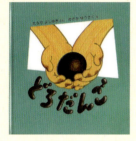

7月 泥　どろだんご
福音館書店
文：たなかよしゆき／絵：野坂勇作

泥だんごの作り方の本。子どもの手や泥が絵の"主役"として描かれる。泥だんごができる過程や、さまざまな泥だんごの姿にわくわく！

8月 水　まほうのコップ
福音館書店　原案：藤田千枝／写真：川島敏生／文：長谷川摂子

水を入れたコップの向こう側に、身近なものを置いて見てみると……。「どうしてこうなるの？」と、水や光の不思議にふれ、科学的な好奇心を誘う1冊。

8月 水　じゃぐちをあけると
福音館書店
作：新宮 晋

蛇口から流れる水を指でさわったり、スプーンをかざしてみたりといった素朴な水あそびが、「宇宙船」「海」などの発想で大きく広がっていく。

9月 砂　こんとあき
福音館書店
作：林 明子

ぬいぐるみの"こん"とあきの小さな冒険物語。広い砂丘や、"こん"を砂から掘り出すあきの心細さなど、身近な砂あそびとは違う砂の一面に出会える。

ちいさなかがくのとも　2005年6月号
10月 石　ころん ごろん いしっころ　P.61で紹介
福音館書店
作：酒井賢司／写真：川島敏生

みんな同じに見える川原や海辺の"石っころ"が、こんなにも個性的だなんて！　この本を読めば、子どもたちもお気に入りの1個を探したくなるはず。

10月 石　はまべにはいしがいっぱい
好学社
作：レオ＝レオニ／訳：谷川俊太郎

登場するのは、生き物に見える石、文字や数字に見える石……。ユニークな石たちの姿を見るだけで「もしかしてどこかで出会えるかも!?」とわくわく。

11月 落ち葉　きんぎょが にげた
福音館書店
作：五味太郎

金魚が水を飛び出し、逃げ出した！「金魚がどこにいるかみんなで探してみよう」と子どもたちへ声をかければ、自然の中に足を踏み出すきっかけに。

11月 落ち葉　ぐりとぐら
福音館書店
作：中川李枝子／絵：大村百合子

大きな卵で大きなカステラを焼いて、森の動物たちと一緒に食べて……。ストーリーはもちろん、絵の中に描かれる秋の美しさも楽しめる。

11月 落ち葉　うずらちゃんのかくれんぼ
福音館書店
作：きもとももこ

さまざまな色や姿など、自然の多様性に身をゆだねる心地よさを味わえる絵本。紙粘土などで作った生き物でかくれんぼあそびをするときの導入におすすめ。

11月 落ち葉　むしたちのさくせん
福音館書店
文：宮武頼夫／絵：得田之久

落ち葉や枝に上手に隠れたり、まぎれこんだりする虫を「作戦」別にやさしく解説。読んだあとは、いつもの虫探しあそびのまなざしが変わるはず。

11月 落ち葉　じぶんだけのいろ
好学社
作：レオ＝レオニ／訳：谷川俊太郎

風景に溶けこんで自分を守るはずだったのに、自分だけの色がないなんて……。落ち葉あそびで色彩感覚に敏感になっている子どもたちへおすすめの1冊。

11月 落ち葉　もりのおふろ
福音館書店
作：西村敏雄

森の中の不思議なお風呂に動物たちがやってきて、どぼーん！「ごくらくごくらく」の笑顔を、落ち葉を使ったお風呂あそびでまねしてみて。

12月 木の実　きのみのケーキ
福音館書店
作：垂石眞子

たぬきが作った木の実のケーキを見た森の木々は……？ 木の気持ちを想像したり、木の実のケーキ作りに挑戦したりと、いろいろな切り口で楽しみたい。

12月 木の実　どんぐりころちゃん
アリス館
作：みなみじゅんこ

わらべ歌をもとにした絵本。リズミカルな言葉の数々は、読むだけで心がころころ転がる楽しさ。ドングリの気持ちになって、歌って踊りたくなる1冊。

12月 木の実　どんぐりむらのぼうしやさん
学研
作・絵：なかやみわ

売れるためにはわくわくさせることが大事と気づくどんぐりたち。丁寧にかきこまれたどんぐりたちの種類など、絵も見どころがたくさん。

1月 風 ちいさなかがくのとも 2017年8月号
わたしも かぜに なれるのよ
福音館書店
文：木坂 涼／絵：三溝美知子

　身の回りのものに息を吹きかける、その瞬間に息が風に変わるおもしろさや、身近な自然現象を体で再現できる楽しさを存分に味わえる1冊。

1月 風
かぜ びゅんびゅん
童心社
さく：新井洋行

　シンプルな絵と言葉だけなのに、まるで本から風が吹いてくるような不思議な感覚に。子どもたちと一緒に外で風を感じながら読みたい本。

2月 光
光の旅 かげの旅
評論社
作・絵：アン・ジョナス／訳：内海まお

　前半は光のさす街が、本を逆転させて読む後半は日没後の影をまとった街が描かれる。"表裏一体"である光と影の姿は子どもたちに鮮烈な印象を与えるはず。

3月 木
おおきな木
あすなろ書房
作：シェル・シルヴァスタイン／訳：村上春樹

　少年の一生と、彼を支え続けた木のお話。木の気持ちに目が向きがちだが、家やボートの素材にもなる木の姿は「自分と木のかかわり」に気づくきっかけに。

3月 木
どうぞのいす
ひさかたチャイルド
作：香山美子／絵：柿本幸造

　うさぎさんが木の板で作った「どうぞのいす」が、さまざまな動物をつなぐ。木のぬくもりが、みんなにやさしい気持ちをもたらしているかのよう。

3月 木
キュッパのはくぶつかん
福音館書店　作：オーシル・カンスタ・ヨンセン／訳：ひだにれいこ

　丸太の「キュッパ」が、自分で集めたものを展示する博物館を開く。なんでも拾い集める子どもの心と、種類別に分けて整理する科学の心が楽しく交わる1冊。

P110で紹介

言葉 あそび
のはらうた I
童話屋
作：くどうなおこ

　自然に生きるものの声を聞き取った、やさしくユーモラスな詩集。節回しのある詩や言葉あそびも多く、詠み主の生き物になり切って読むと、楽しさ倍増。

P114で紹介

音 あそび
もこ もこもこ
文研出版
作：谷川俊太郎／絵：元永定正

　詩人・谷川俊太郎が「へんな絵」に言葉をつけたらこうなった。動きと言葉の感覚の中で自由にあそぶ楽しさやおもしろさが、子どもたちを引きつける。

保育者へ

センス・オブ・ワンダー
新潮社
著：レイチェル・カーソン／訳：上遠恵子

　アメリカの科学者、レイチェル・カーソンによるエッセイ。身近な自然をやさしい言葉でつづりながら、自然の神秘や不思議にわくわくする感性（センス・オブ・ワンダー）を育てる大切さを、読む人に語りかける。

125

ふろく①

みつけたカード

子どもたちと、自然あそびをより楽しむために、ぜひ使ってほしいのがこの「みつけたカード」。保育者が「見〜つけた♪」と歌いながら、カードを子どもたちに見せ、カードと同じものを自然の中から探し出します。色、形、感触など、五感を通して自然にふれる絶好の機会になるはずです。お散歩や園外保育のときにも使ってください。

使い方

① 点線で切り取る。

② 束ねて穴開けパンチなどで穴を開けて、リングを通す。

あか

きいろ

みどり

あお

むらさき

しろ

ぴんく

まる

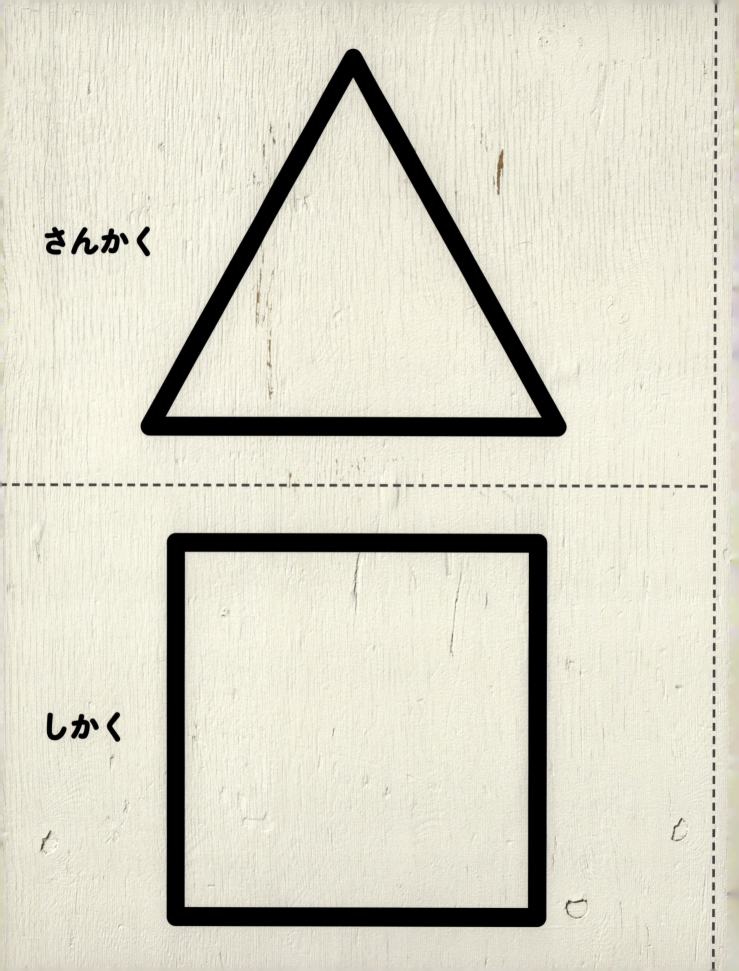

ハート

ぎざぎざ

さらさら

ふわふわ

つるつる

ざらざら

ぴかぴか

ごつごつ

いい おと

いい　におい

ふろく❷
型紙

この本のあそびでよく使う「目玉シール」と、絵が不慣れという保育者に向けて、簡単な図形の型紙を用意しました。コピーしたものを画用紙にはって切り取るなどして、どんどんあそびに取り入れてみましょう。慣れてきたら、自分でかいたり、子どもたちと一緒に作ったりすると、より楽しめます。

いろいろなものにはりつけよう

目玉 コピー（縮小してもOK）して使ってください。木の幹や根っこ、葉っぱなどにはりつけましょう。

目玉 コピーしてから切り取ろう！

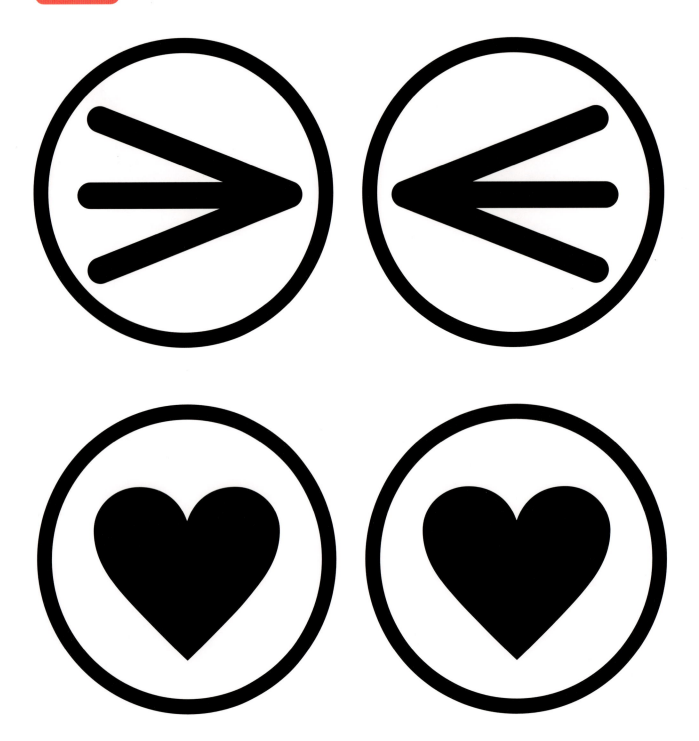

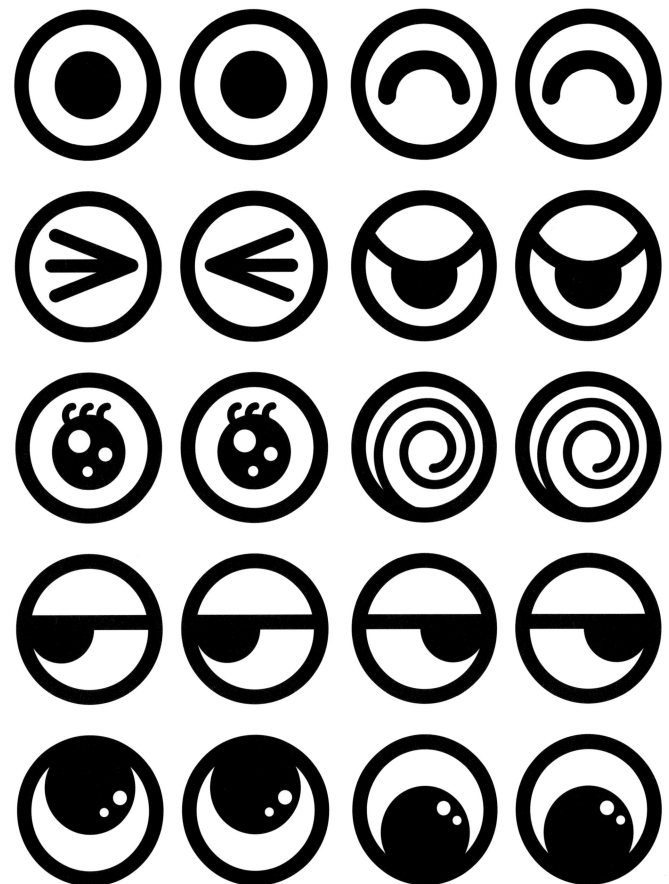

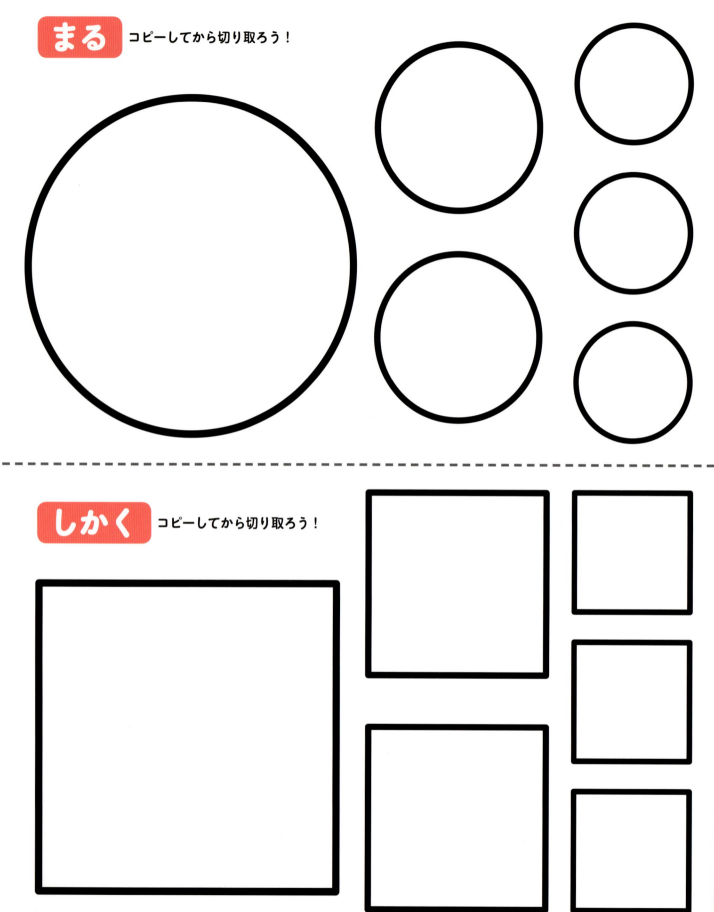

さんかく コピーしてから切り取ろう！

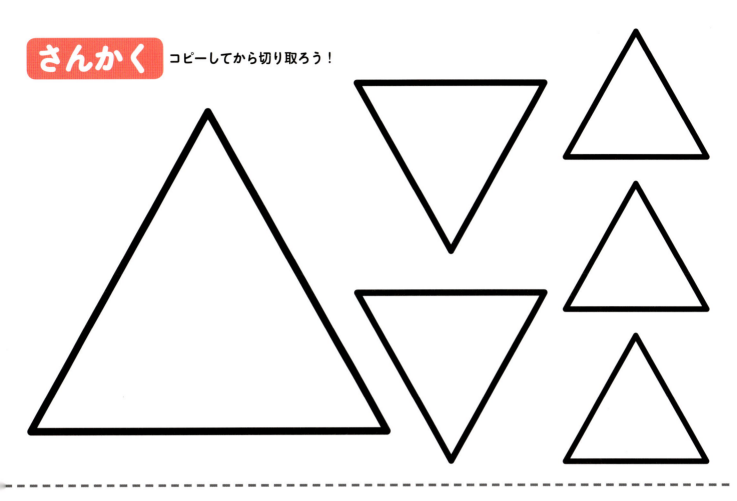

ハート コピーしてから切り取ろう！

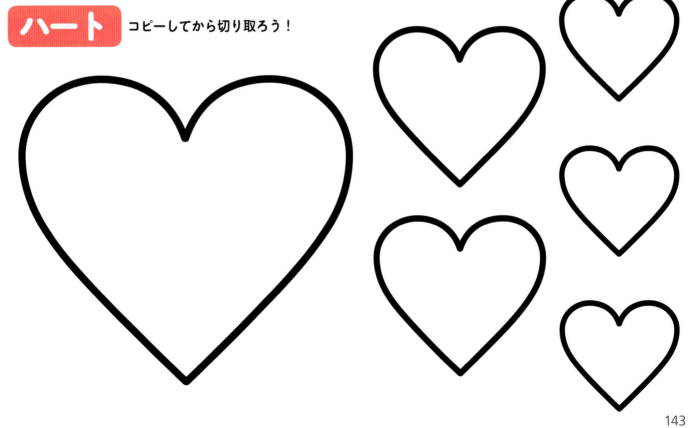

著 高橋京子
自然保育コーディネーター、国際自然環境アウトドア専門学校自然保育研究科非常勤講師。ウレシパモシリ-保育と自然をつなぐ研究会-を主宰。欧州の保育現場の視察や多数の保育園・幼稚園における自然あそびの実践を通して得られた知見をもとに、都市の保育環境でもできるように、身近な自然を保育教育資源として生かしたあそびを創作。独自の自然あそびを行うことで、子どもの五感を刺激し、感性をはぐくむことの重要性を、さらには、多様性をもつ自然が子どもの多様な育ちを支え自己肯定感を高めることを、広範囲の研修会・講演・雑誌等で伝えている。
ウレシパモシリHP　http://ureshipa.jp　＊ウレシパモシリはアイヌ語で「互いに育ち合う大地」の意味。

協力

あそび提案・取材・写真提供
- 埼玉県　社会福祉法人あけぼの会あけぼの保育園（言葉あそび、音あそびほか）
- 埼玉県　社会福祉法人あけぼの会あけぼの第２保育園
  （カラフル吹き流し、小さなステンドグラスほか）
- 東京都　清心幼稚園（春の色探し、ウォータースライダーごっこほか）
- 東京都　妙福寺保育園（雨集め隊、泥あそびほか）
- 神奈川県　社会福祉法人ピアッツァ和田愛児園
  （水はこびリレー企画、砂絵あそび・石ころあそびほか）

あそび提案・実践・監修
- 言葉あそび（P.108-111）／首藤久義（ウレシパモシリ顧問・千葉大学名誉教授）
- 音あそび（P.112-115）／平岩佐和子（音楽家）
- 石ころあそび（P.60-67）／杵島正洋（慶應義塾高校教諭）

コラム（P.116-121）監修
- 斉藤秀生（一般財団法人自然環境研究センター）
- 佐藤武宏（神奈川県立生命の星・地球博物館）
- 池山由紀（あいち小児保健医療総合センター）

写真提供
- 東京都　テンダーラビング保育園東陽（花びらひらひら、しずくころころ）
- 群馬県　社会福祉法人恵会沼田めぐみこども園
  （ブランチコネクター、小枝の形あそびほか）
- 新潟県　藤見学園藤見幼稚園（目次）
- 新潟県　国際自然環境アウトドア専門学校（葉っぱのランプ、雨集め隊の作品）

撮影　戸田了達、戸部千穂子、猪野純恵、黛友梨、高橋博行

ウレシパモシリ協力指導講師
- 木あそび（P.105木っ端あそび）／井上淳治（きまま工房木楽里）
- 風あそび（P.89-90風キャッチ）・
- 木あそび（P.101-102マイツリー）／秋元秀友
- 花あそび（P.17-18花びらひらひら）／海老原映理

現場取材協力
- 戸田了達、木村友美、佐藤彩香、関森綾野、西谷彩（妙福寺保育園）
- 長林美穂、大工未知（あけぼの第２保育園）

スタッフ
- イラスト／有栖サチコ、野田節美、おおたきょうこ、やまおかゆか、さくま育
- デザイン／Still
- 撮影／大黒屋尚保
- 編集制作／CEFI
  　　　　小園まさみ、原かおり
- DTP／CEFI

本書の内容に関するお問い合わせは、書名、発行年月日、該当ページを明記の上、書面、FAX、お問い合わせフォームにて、当社編集部宛にお送りください。電話によるお問い合わせはお受けしておりません。
また、本書の範囲を超えるご質問等にもお答えできませんので、あらかじめご了承ください。
　FAX：03-3831-0902
　お問い合わせフォーム：http://www.shin-sei.co.jp/np/contact-form3.html

落丁・乱丁のあった場合は、送料当社負担でお取替えいたします。当社営業部宛にお送りください。
本書の複写、複製を希望される場合は、そのつど事前に、出版者著作権管理機構（電話：03-3513-6969、FAX：03-3513-6979、e-mail：info@jcopy.or.jp）の許諾を得てください。
JCOPY ＜出版者著作権管理機構　委託出版物＞

決定版！12か月の自然あそび87

2017年10月25日　初版発行

著　者　　高　橋　京　子
発行者　　富　永　靖　弘
印刷所　　公和印刷株式会社

発行所　東京都台東区　株式　新星出版社
　　　　台東２丁目24　会社
　　　　〒110-0016　☎03(3831)0743

© Kyoko Takahashi　　　　　　　Printed in Japan

ISBN978-4-405-07258-9